COURS

DE

MORALE ET D'INSTRUCTION

CIVIQUE

PAR

M. GRELET

POITIERS

IMPRIMERIE OUDIN

4, RUE DE L'ÉPERON, 4

1884

COURS

DE

MORALE ET D'INSTRUCTION

CIVIQUE

PAR

M. GRELET

POITIERS

IMPRIMERIE OUDIN

4, RUE DE L'ÉPERON, 4

1884

PSYCHOLOGIE

IDÉE GÉNÉRALE DE LA PSYCHOLOGIE APPLIQUÉE A LA MORALE ET A LA PÉDAGOGIE

DESCRIPTION DES FACULTÉS HUMAINES.

1. *Qu'est-ce que la Psychologie ?*
La Psychologie, qui est une des divisions de la Philosophie, est l'étude de l'âme en elle-même.

2. *Qu'entendez-vous par l'étude de l'âme en elle-même ?*
J'entends l'âme considérée dans sa nature, dans son union avec le corps, dans ses états et ses opérations, c'est-à-dire ses manières d'être et d'agir, dans ses facultés générales et particulières, dans la jouissance ou dans l'exercice de ses facultés

3. *Quelles sont les autres divisions de la Philosophie ?*
Outre la Psychologie, la Philosophie comprend : la Logique, la Morale, la Théodicée et l'histoire de la Philosophie

4 *Quel est l'objet de la Psychologie ?*
La Psychologie a pour objet l'étude de l'âme et

des phénomènes qui s'opèrent en elle Ces phénomènes sont perçus par une faculté intérieure que l'on nomme la conscience.

5. *Qu'est-ce que la conscience ?*
La conscience est la faculté de se connaître soi-même.

6. *Comment l'étude de la Psychologie se rapporte-t-elle à la Morale ?*
En ce qu'elle nous apprend les moyens nécessaires pour régler nos passions.

7. *Comment la Psychologie se rapporte-t-elle à la Pédagogie ?*
La Pédagogie ayant pour objet l'éducation, et dans l'éducation la liberté de l'homme, étudiée dans l'enfant, c'est par l'étude de la Psychologie que cette liberté est reconnue.

8. *Donnez une explication plus complète.*
Lorsque je me fais une blessure, je souffre ; mais ni la souffrance ni moi qui souffre ne sommes la blessure ; il se produit donc un phénomène en moi, qui a l'âme pour sujet et qui me révèle le moi.

9. *Continuez la même réponse.*
Sentant que j'existe, je découvre que je puis penser et vouloir ; j'ai donc en moi une force capable de produire des effets, que je peux ou non mettre en mouvement, selon ma volonté que j'exécute librement.

10. *Par quelle faculté voyons-nous tout ce qui se passe en nous ?*
Par la conscience.

11. *Quel nom portent les phénomènes psychologiques tombant sous la conscience ?*
On leur donne le nom d'internes, de subjectifs et de moi.

12. *Et les phénomènes extérieurs, étrangers au sens intime, comment les nommez-vous ?*

Je les nomme externes, objectifs et non-moi.

13. *Qu'appelle-t-on facultés de l'âme ?*

On appelle facultés de l'âme, le pouvoir que l'âme possède d'éprouver certaines modifications et d'accomplir certains actes.

14. *Qu'est-ce que l'âme ?*

L'âme est une force sensible, intelligente et active.

15. *A combien de faits se rapportent les facultés de l'âme ?*

A trois sortes : les faits sensitifs, cognitifs et volitifs. De là trois états : la sensibilité, l'intelligence ou entendement, et l'activité.

16. *Ces facultés peuvent-elles se produire isolément ?*

Non ; par exemple ; pour sentir, il faut savoir qu'on sent, et pour savoir qu'on sent, il faut vouloir, c'est-à-dire agir.

17. *Ces trois facultés générales forment-elles trois âmes différentes ?*

Non, parce que ces trois facultés, quoique distinctes, ne pouvant se produire l'une sans l'autre, ne forment qu'un seul sujet : l'âme.

18. *Qu'est-ce que la sensibilité ?*

La sensibilité est la faculté que possède l'âme d'être affectée ou modifiée d'une manière agréable ou désagréable à la présence d'un phénomène quelconque.

19. *Quels sont les caractères de la sensibilité ?*

La variabilité et la fatalité.

20. *En quoi la sensibilité est-elle fatale ?*

En ce que nous n'exerçons pas un empire immédiat sur nos sensations et nos sentiments, que nous ne pouvons ni produire, ni suspendre, ni prolonger à notre gré.

21. *En quoi la sensibilité est-elle variable ?*
En ce que nous sommes affectés diversement par les mêmes faits, suivant les temps et les circonstances.

22 *Qu'appelez-vous facultés intellectuelles ?*
Les facultés que l'âme possède d'acquérir des connaissances, de les conserver, de les combiner, de les associer, etc ....

23. *Que constitue l'ensemble de ces facultés ?*
Il constitue l'intelligence.

24. *Quels autres noms donne-t-on à l'intelligence ?*
On l'appelle encore : faculté de connaître, entendement, raison, sens supérieur ou intuitif.

25. *Les objets de nos connaissances sont-ils en nous ou hors de nous ?*
Ils sont en nous, et on les nomme immatériels ; et hors de nous, et on les nomme matériels.

26. *De là combien de sortes de mondes ?*
Trois sortes : le monde intérieur, ou le moi ; le monde physique, ou le non-moi matériel ; et le monde des idées, ou le non-moi immatériel.

27. *Nommez les facultés intellectuelles.*
La perception, la conscience, la mémoire, l'imagination, le jugement, la raison.

28. *Qu'est-ce que la perception ?*
La perception est la faculté qui me fait connaître le monde physique, elle se produit par les sens.

29. *Qu'est-ce que la conscience ?*
La conscience est la faculté qui me révèle le moi, c'est-à-dire tout ce qui se passe en moi : mes pensées, mes impressions, les mouvements de mon âme.

30 *Qu'est-ce que la mémoire ?*
La mémoire est une faculté par laquelle l'esprit

conserve et rappelle le passé : sensations, sentiments, connaissances, volontés

31. *Qu'est-ce que l'imagination ?*
L'imagination est une faculté multiple et complexe.

Elle est complexe, parce qu'elle suppose la mémoire, l'abstraction, l'association des idées, la conception rationnelle du bien, du vrai, du beau ; elle est multiple, parce qu'elle consiste à retracer dans l'esprit l'image plus ou moins vive des objets qu'elle amplifie, ou elle combine les connaissances obtenues pour en créer de nouvelles.

32. *Qu'est-ce que le jugement ?*
Le jugement est la faculté par laquelle l'esprit reconnaît et affirme qu'une chose est ou n'est pas d'une certaine manière, qu'une qualité convient ou ne convient pas à une substance.

33. *Qu'est-ce que la raison ?*
La raison est la faculté qui m'élève à la connaissance des idées et des vérités nécessaires, au non-moi immatériel; c'est elle qui de l'effet me fait remonter à la cause, et de là à la première cause, c'est-à-dire à Dieu.

34. *Quels sont les caractères distinctifs de l'intelligence ?*
Ce sont l'invariabilité et l'impersonnalité.

35. *Expliquez ces caractères.*
L'intelligence est invariable parce que la vérité est une; le temps et les circonstances ne peuvent l'altérer. Elle est douée d'impersonnalité parce que la vérité est éternelle et ne dépend en aucune manière de l'existence humaine.

ACTIVITÉ PHYSIQUE

MOUVEMENTS, INSTINCT, SENSIBILITÉ PHYSIQUE, PLAISIR, DOULEUR, SENSATIONS, BESOINS, APPÉTITS

1. *Qu'est-ce que l'activité ?*
L'activité est la force pensante en action.

2. *Quels en sont les caractères ?*
La spontanéité et la volonté.

3. *N'y ajoute-t-on pas un troisième caractère ?*
On y ajoute la liberté qui est une attribution de la volonté.

4. *A quoi l'activité est-elle opposée ?*
Elle est opposée à la passivité.

5. *Quand l'activité est-elle dite spontanée ?*
Lorsqu'elle est le résultat de l'instinct ou de l'habitude.

6. *Qu'est-ce que l'instinct ?*
L'instinct est le principe naturel d'action qui nous fait agir sans réflexion aucune, sans la conscience du but que nous voulons atteindre, sans penser aux moyens qui rendent le succès plus certain.

7. *Qu'est-ce que l'habitude ?*
L'habitude est le principe d'action qui a sa cause dans la répétition antérieure des mêmes pensées et des mêmes actes.

8. *Ces deux principes sont-ils spontanés ?*
Oui ; mais le premier n'engage jamais la responsabilité humaine, puisqu'il se produit en dehors de la volonté ; tandis que le second est imputable à l'homme,

dans son principe, parce qu'il est la répétition d'un premier acte produit librement.

9. *Quelles sont les conséquences de l'habitude ?*
Par l'habitude, la sensibilité s'émousse ou s'avive, l'esprit saisit avec facilité les questions les plus abstraites; la vertu connaît à peine la lutte, et le vice perd ses remords.

10. *Quand l'activité est-elle dite volontaire et libre ?*
Lorsque l'âme agit volontairement et avec réflexion.

11. *Quels sont les quatre éléments de l'activité volontaire ?*
Ce sont : la possession, la délibération, la détermination et l'action.

12. *Expliquez ces quatre éléments.*
Par une conscience réfléchie l'âme se *possède*; elle *délibère* les différents motifs qui se présentent pour la faire agir ; quand elle a tout pesé, elle se *détermine* à agir ou à ne pas agir; enfin elle *agit* dans un sens affirmatif ou négatif.

13. *L'intelligence a-t-elle son rôle dans les phénomènes volontaires ?*
Oui, parce qu'il n'y a pas de volonté sans motifs, et que ces motifs doivent être connus par l'âme pour être choisis.

14. *L'acte volontaire est-il un acte physique ?*
Non; il est essentiellement moral, parce que c'est un acte libre, tandis que l'acte physique est indépendant de notre volonté : tel est l'acte spontané.

15. *Qu'avons-nous dit de la sensibilité ?*
Nous avons dit que la sensibilité est la faculté que possède l'âme d'être affectée ou modifiée d'une manière agréable ou désagréable à la présence d'un phénomène quelconque.

16 *Quels sont les faits qui peuvent affecter l'âme?*
On divise ces faits en trois classes : 1° les faits physiques, 2° les faits intellectuels, 3° les faits moraux. De là trois sortes de sensibilité

17. *Nommez ces trois sortes.*
La sensibilité physique, mise en jeu par nos cinq sens; la sensibilité intellectuelle, par les différentes notions de la raison pure; la sensibilité morale, par l'action d'une volonté libre.

18 *Qu'est-ce que les sens?*
Les sens sont les organes par lesquels l'âme prend connaissance du monde extérieur; ils sont au nombre de cinq.

19. *Nommez-les.*
Le *tact*, par lequel nous jugeons de l'étendue, de la forme, de la dureté; la *vue*, par laquelle nous jugeons de la couleur, de l'étendue et de la forme; l'*ouïe*, des sons; l'*odorat*, des odeurs; le *goût*, des saveurs.

20. *Quels phénomènes produit l'application des sens?*
Les sensations.

21 *Combien de sortes de sensations?*
Deux sortes : les sensations internes, et les sensations externes.

22. *Qu'appelez-vous sensations externes?*
J'appelle sensations externes, l'impression faite par les objets sur les sens.

23. *Qu'entendez-vous par les sensations internes?*
J'entends les sentiments produits sur l'âme et sur le cœur par la présence d'un phénomène physique, intellectuel ou moral.

24 *Quels sont les phénomènes particuliers résultant de notre constitution physique?*
Ce sont les appétits et les besoins.

25. *Expliquez ces phénomènes.*

Les besoins sont toujours indépendants de notre volonté; ce sont les penchants naturels; de ces penchants naissent les appétits, tels que la faim, la soif; nous ne pouvons les apaiser que pour un temps, ils reviennent après un certain intervalle.

26. *Quel sentiment appartient à la sensibilité physique?*

Le sentiment du plaisir ou de la douleur; si l'impression blesse l'organe, la sensation est pénible, et l'âme éprouve avec la douleur un sentiment d'aversion pour l'objet qui l'a produite; si l'impression est agréable, flatte l'organe, l'âme éprouve avec plaisir un sentiment d'amour pour l'objet qui l'a causée.

L'INTELLIGENCE.

LA CONSCIENCE ET LA PERCEPTION EXTÉRIEURE, LA MÉMOIRE ET L'IMAGINATION, L'ABSTRACTION ET LA GÉNÉRALISATION, LE JUGEMENT ET LE RAISONNEMENT, LES PRINCIPES RÉGULATEURS DE LA RAISON.

1. *Redites les noms des facultés intellectuelles.*

Ce sont: la perception, la conscience, la mémoire, l'imagination, le jugement, la raison.

2. *Donnez la définition de la perception extérieure.*

La perception extérieure ou externe est la faculté en vertu de laquelle l'âme avertie par la sensation à la suite de l'impression faite sur les organes, perçoit l'objet auquel la sensation est due.

3. *Appliquez la perception à chacun des sens*

1° Dès que l'organe du tact est affecté par un objet, l'âme en perçoit immédiatement la qualité tangible; de là les idées sensibles de dureté, d'étendue, de froid, etc..

2° Dès que l'organe de la vue est affecté par un objet, l'âme en perçoit la qualité visible, de là, les idées de couleur et de forme.

3° Par le sens de l'ouïe, l'âme perçoit le son dans tous ses degrés : le ton, le timbre, l'articulation, de la combinaison desquels résultent le rhythme, la mélodie, l'harmonie.

4° Par le goût, l'âme perçoit la saveur.

5° Par l'odorat, l'odeur dans tous ses degrés et dans toutes ses combinaisons

4. *Définissez la conscience.*

La conscience ou sens intime est la faculté par laquelle l'âme, douée d'une vue intérieure, saisit son existence, ses états, ses opérations diverses.

5. *Que nous apprend la conscience ?*

Elle nous donne une notion complète des sentiments de l'âme, de ses idées et de ses actes. Elle nous fait connaître l'unité de l'âme.

6. *En quoi consiste la mémoire ?*

En ce que l'âme conserve et rappelle les notions précédemment acquises.

7. *Quels sont les deux faits élémentaires compris par la mémoire ?*

Ce sont : 1° la conservation des idées, 2° leur reproduction.

8. *Expliquez comment ces deux faits se produisent.*

Nous ne savons point où et comment se conservent les idées, mais nous savons que les idées nous reviennent ou spontanément, ou par un effort de la volonté, c'est-à-dire par le souvenir. Lorsque ce souvenir est complet, on le nomme réminiscence.

9. *Quelles sont les qualités d'une bonne mémoire ?*
La facilité à apprendre, la ténacité à retenir, la promptitude à se rappeler.

10. *La mémoire est-elle capable de perfectionnement ?*
Oui, par l'exercice.

11. *Quelles sont les deux conditions essentielles de la mémoire ?*
L'idée du temps écoulé entre la connaissance primitive et le souvenir ; le sentiment de notre identité personnelle.

12. *Quelles sont les deux conditions accessoires ?*
L'attention qui fixe le souvenir, et l'association des idées qui facilite leur rappel.

13. *Sur quels rapports se fonde cette association ?*
Sur les rapports de choses, tels que la ressemblance, le contraste, rapports de temps, de lieu, etc.
Sur les rapports de mots, tels que consonnance, identité de lettres initiales, etc.
Sur les rapports qui déterminent les métaphores et les allégories, tels que la colère et le feu, le serpent et la prudence.
Sur les rapports qui naissent de l'habitude, c'est-à-dire des mêmes impressions ou des mêmes actes fréquemment répétés.

14. *Qu'est-ce que l'imagination ?*
L'imagination est une faculté qui retrace à l'esprit une image plus ou moins vive des objets auxquels il pense, ou qui combine entre elles des connaissances précédemment acquises.

15. *Comment l'imagination représente-t-elle les idées ?*
Elle les représente par des images sensibles.

16. *Y a-t-il différentes sortes d'imagination ?*
Non, mais l'imagination ne se développe pas au même degré chez tous les hommes : ou elle imagine les choses telles qu'elles sont, ou elle idéalise les objets ; dans ce dernier cas, c'est l'imagination de l'artiste

17 *Quelles causes font varier l'imagination ?*
Le climat, les institutions religieuses et politiques ; l'organisation, le caractère et les habitudes de l'individu ; la mémoire ; l'abstraction et l'association des idées

18. *Qu'entendez-vous par l'abstraction ?*
J'entends l'opération par laquelle l'esprit considère séparément les matériaux fournis par la mémoire, et choisit ceux qui sont propres au but que l'imagination se propose.

19. *Quelle opération de l'esprit est opposée à l'abstraction ?*
La généralisation, par laquelle on enveloppe sous un même principe toutes les idées ayant un certain rapport entre elles.

20. *Quel nom donnez-vous à la faculté par laquelle vous affirmez l'existence d'un objet ?*
Je l'appelle jugement.

21. *Sous quelle forme énoncez-vous un jugement ?*
Sous la forme d'une proposition.

22 *De quoi se compose une proposition ?*
Du sujet et de l'attribut, unis par le verbe.

23. *Que faut-il considérer de particulier dans tout jugement ?*
Deux choses : la qualité et la quantité.

24 *Dites en quoi consiste la qualité.*
La qualité consiste dans l'affirmation, comme : la

terre tourne autour du soleil ; ou dans la négation, comme : les jours et les nuits ne sont pas toujours de même longueur.

25. *Et la quantité, en quoi consiste-t-elle ?*
La quantité consiste dans l'extension donnée au sujet, soit qu'il embrasse tous les individus, alors la proposition est universelle : tout homme a été créé, soit qu'il ne comprenne qu'un seul individu ou une seule espèce, la proposition est alors individuelle : cet homme est heureux.

26. *Quelle opération de l'esprit dérive du jugement ?*
Le raisonnement.

27. *Le raisonnement est-il absolument nécessaire ?*
Oui, à cause de la faiblesse de notre esprit ; nous n'apercevons pas toujours si deux idées se conviennent ; il faut alors recourir à une troisième idée que nous comparons à chacune des autres, ce qui se nomme raisonner.

28. *Donnez un exemple.*
Lorsque je dis : le mensonge est odieux, j'énonce un jugement qui résulte du raisonnement suivant : le mensonge est un vice ; or le vice est odieux ; donc le mensonge est odieux.

29. *De combien de manières peut-on raisonner ?*
On peut raisonner de trois manières : par déduction, en descendant du principe à la conséquence, du général au particulier ; par induction, en remontant de la conséquence au principe, du particulier au général, par analogie, en concluant de la ressemblance des idées à l'identité de la cause.

30. *Quel est le principe du raisonnement ?*
C'est la raison.

31. *Qu'est-ce que la raison ?*
La raison, ou sens commun, est la source la plus féconde des vérités premières.

32 Quelles connaissances lui devons-nous ?

La substance, la cause, le temps, l'espace, le vrai, le beau, le juste, Dieu, les axiomes, les premiers principes.

33 Que comprenez-vous par les premiers principes ?

Des jugements primitifs, des propositions tellement claires, qu'elles ne peuvent être prouvées ni combattues par des propositions qui le soient davantage.

34. Quelles sont les qualités de ces premiers principes ?

C'est d'être simples, clairs, universels, irréfragables, en sorte que le philosophe même qui les nie, les suit dans la pratique comme règle de conduite.

35. Nommez quelques-unes des notions premières.

1° Les idées de substance, qui conduisent à ce principe : *toute qualité suppose une substance.*

2° L'idée de cause et son principe : *tout fait a une cause.*

3° L'idée du vrai : *une chose ne peut pas être et n'être pas en même temps.*

4° L'idée du beau, que Platon a défini : *la splendeur du vrai et du bien*, et le beau absolu, qui est Dieu.

Ce sont là les principes régulateurs de la raison.

SENSIBILITE MORALE

SENTIMENTS DE LA FAMILLE, SENTIMENTS SOCIAUX ET PATRIOTIQUES, SENTIMENTS DU VRAI, DU BEAU ET DU BIEN, SENTIMENTS RELIGIEUX.

1. *D'où vient la sensibilité morale ?*
La sensibilité morale vient de l'action d'un être doué, comme nous le sommes, d'une volonté libre.

2. *Que comprend la sensibilité morale ?*
Tous les sentiments agréables ou pénibles du cœur: l'amour du bien, l'aversion pour le mal, les affections sociales et domestiques.

3. *Quelles sont les affections sociales et domestiques ?*
L'amitié, la haine, la sympathie, l'antipathie, la pitié, l'amour paternel et maternel, l'amour filial, l'amour de la patrie.

4. *Quels sont les phénomènes les plus généraux de la sensibilité ?*
1° Le plaisir et la peine; 2° l'amour et la haine; 3° le désir et l'aversion.

5. *Que deviennent ces sentiments ?*
Ils deviennent : espérance ou crainte par la prévoyance ; réjouissance ou regret par la mémoire ; plaisirs ou peines d'esprit par l'imagination.

6. *Combien Bossuet admet-il de sentiments ?*
Onze : l'amour et la haine, le désir et l'aversion, la joie et la tristesse, l'audace et la crainte, l'espérance et le désespoir, la colère.

7. *Quelles affections naissent des sentiments sociaux et patriotiques?*

L'affection de peuple à peuple, de citoyen à citoyen, d'époux, de parents, de frères, d'amis.

8. *Et des sentiments religieux?*

L'amour de Dieu, l'amour du bien, le respect de la religion, le respect de ses ministres.

9. *Qu'excitent en nous les sentiments du vrai, du bien et du beau?*

L'amour de la vérité, pour tout ce qui est conforme à la logique ; le désir de la conformité d'un être avec sa fin, d'où résulte l'ordre dans chaque être et dans l'ensemble des êtres ; la conception d'une beauté parfaite, d'un beau idéal, qui semble être au-dessus de la nature, que notre esprit conçoit, mais que l'art ne peut reproduire.

LA VOLONTE

LA LIBERTÉ, L'HABITUDE

1. *Qu'est-ce que la volonté?*

La volonté est un des caractères de l'activité ; c'est la faculté, la puissance de l'âme par laquelle on veut.

2. *Quel est son caractère moral?*

C'est de nous rendre capables de mérite et de démérite : c'est-à-dire de constituer notre responsabilité morale

3. *Quel est le caractère essentiel de la responsabilité morale?*

La liberté.

4. *Qu'entendez-vous par ce mot liberté ?*
J'entends la faculté que l'âme possède de vouloir ou de ne pas vouloir, d'agir intérieurement.

5. *Quel autre nom donnez-vous à la liberté psychologique ?*
Je lui donne le nom de libre arbitre.

6. *La liberté psychologique peut-elle exister sans la liberté physique ?*
Oui ; car la liberté physique peut être entravée, peut rencontrer des obstacles ; la liberté psychologique n'en rencontre jamais.

7. *Comment démontrez-vous l'existence de la liberté ?*
Je la démontre : 1° par la conscience, 2° par le raisonnement, 3° par le témoignage des hommes.

8. *Comment le témoignage de la conscience prouve-t-il l'existence de la liberté ?*
Parce que chacun de nous, après une détermination quelconque, sent en lui-même qu'il aurait pu ne pas la prendre.

9. *Et le raisonnement ?*
Parce que, si l'homme n'était pas libre, il ne serait pas opposé à la nature matérielle où tout est régi par des lois fixes et invariables ; il ne sentirait pas en lui la faculté de faire ce qui lui plaît, et de rejeter ce qui lui déplaît.

10. *Et le témoignage des hommes ?*
Parce que tous possèdent en eux ce sentiment de la liberté sans lequel ils seraient soumis à la fatalité. Par la fatalité tout serait confondu : le mal et le bien, la justice et l'injustice ; les lois divines et humaines deviendraient inutiles.

11. *Qu'est-ce que le fatalisme ?*
La négation de toute liberté.

12. L'habitude n'est-elle pas une opposition à l'action de la liberté ?

Non, parce que l'habitude n'est que la répétition d'un acte qui a été fait une première fois par une volonté libre.

13. Peut-on réagir contre les habitudes ?

Oui, parce qu'on est toujours maître de ses volontés.

CONCLUSIONS DE LA PSYCHOLOGIE.

DUALITÉ DE LA NATURE HUMAINE, L'ESPRIT ET LE CORPS, LA VIE ANIMALE ET LA VIE INTELLECTUELLE ET MORALE

1. Que prouve l'étude de la Psychologie ?

Que l'homme possède une âme, c'est-à-dire une cause intérieure par laquelle il peut agir et accomplir ce qu'il veut.

2. Que constitue l'existence de l'âme ?

La personnalité humaine.

3. Cette personnalité humaine peut-elle résider dans le corps ?

Non, car il peut être mutilé, ou changé par l'âge, sans que la pensée change avec lui, ou cesse de se produire.

4. Quels sont les caractères distinctifs de la personnalité ?

L'unité, l'identité et la liberté.

5. *Quelle est la qualité première de l'âme ?*
La spiritualité.

6. *Comment prouvez-vous la spiritualité ?*
1° Par l'unité de l'âme; or la matière pouvant être divisée n'est pas une, 2° par son identité; or l'identité est la propriété de rester toujours soi, et la matière est capable de changements. L'âme n'est donc pas matière, elle est esprit.

7. *Quelle différence faites-vous donc entre le corps et l'âme qui forment la nature humaine ?*
L'âme est une, identique, indivisible, simple, c'est-à-dire spirituelle.
La matière est multiple, variable, divisible, composée, et c'est le corps. La matière a pour elle l'étendue; l'âme, la pensée.

8. *Comment l'âme spirituelle agit-elle sur le corps ?*
L'âme agit sur le corps, d'après plusieurs philosophes, soit par son action directe; soit par l'harmonie préétablie entre l'intelligence divine et l'homme; soit enfin par la volonté expresse de Dieu, qui sert d'intermédiaire entre le corps et l'âme.

9. *Y a-t-il union intime entre le corps et l'âme ?*
Oui, puisque, lorsque le corps souffre, l'âme souffre aussi. De plus, nos organes font connaître à l'âme les sensations extérieures, et sont les instruments de l'activité, quand elle se porte sur la matière.

10. *Dites en résumé les trois principes constituant la nature humaine.*
L'âme, mobile de la vie morale; l'intelligence, de la vie intellectuelle; le corps, de la vie animale.

MORALE THÉORIQUE

INTRODUCTION. — OBJET DE LA MORALE

1. *Définissez la morale.*
La morale est la science qui dirige les actions des hommes vers le bien ; c'est la science du devoir.

2. *Quel est son objet ?*
La recherche de la loi qui doit régler ses actions; cette loi est révélée par la conscience.

3. *Combien de sortes de morale ?*
Deux : la morale générale, qui recherche l'existence, les caractères et la sanction de la loi du devoir; la morale spéciale ou pratique, qui applique la règle à la conduite de la vie.

LA CONSCIENCE MORALE

DISCERNEMENT INSTINCTIF DU BIEN ET DU MAL, COMMENT IL SE DÉVELOPPE PAR L'ÉDUCATION.

1. *Qu'est-ce que la conscience morale ?*
La conscience morale est une faculté par laquelle l'homme distingue le bien et le mal.

2. *Quelle différence faites-vous entre la conscience morale et la conscience psychologique ?*
La conscience psychologique ou métaphysique, ou encore sens intime, est la vue de ce qui se passe en

nous. La conscience morale nous révèle le devoir, proclame la loi, et juge d'après elle nos actions et celles d'autrui.

3. *Que nous fait découvrir, en la conscience morale, l'analyse psychologique ?*

L'analyse psychologique nous fait découvrir : 1° l'amour du bien inné en nous; 2° la distinction du bien et du mal moral; 3° l'obligation morale; 4° le jugement du mérite et du démérite; 5° le remords et la satisfaction morale.

4. *Sur quoi reposent la conscience et le sentiment moral ?*

Sur la distinction du bien et du mal.

5. *Cette distinction du bien et du mal est-elle donnée par la tradition ou par l'éducation?*

Elle ne l'est point par la tradition; car, s'il en était ainsi, on ne la retrouverait pas chez tous les hommes; elle ne l'est point par l'éducation, pour la même raison.

6. *D'où vient donc cette distinction ?*

Elle a été placée par Dieu lui-même au fond de notre âme; c'est une idée inhérente à notre nature et qui en constitue l'excellence.

7. *Ce discernement instinctif du bien et du mal peut-il se développer par l'éducation ?*

Oui, parce que, connaissant mieux nos devoirs, nous voyons plus clairement ce qu'il faut faire pour leur accomplissement, et ce qui s'y rapporte.

8. *Et quoi encore ?*

Par l'éducation, nous nous habituons à vivre conformément aux lois sociales et religieuses ; nous comprenons plus facilement ce qui est bien et ce qui est mal ; nous développons donc en nous l'idée du bien et du mal

LA LIBERTÉ ET LA RESPONSABILITÉ

CONDITIONS DE LA RESPONSABILITÉ, SES DEGRÉS, SES LIMITES.

1. *Qu'est-ce que la liberté ?*
La liberté est la faculté que possède l'homme d'agir comme il lui plaît, et quand il le veut.

2. *Quel acte produit la liberté ?*
La volonté.

3. *Que constitue la volonté ?*
La responsabilité morale.

4. *Sommes-nous responsables de nos actes ?*
Oui, parce que nous les produisons volontairement et librement.

5. *Quel est le caractère essentiel de la responsabilité ?*
La liberté : si nous n'accomplissons pas nos actes librement, nous ne pouvons en être responsables.

6. *Sommes-nous toujours responsables de nos idées et de nos sentiments ?*
Non ; car ils se produisent souvent en dehors de la volonté de l'âme.

7. *Que faut-il pour que l'acte commis entraîne la responsabilité ?*
Il faut que cet acte soit commis volontairement et librement.

8. *Quand un acte est-il commis volontairement ?*
Lorsque l'âme n'agit pas spontanément, lorsqu'elle se possède, et agit d'après les motifs qu'elle a délibérés.

9. *Quand un acte est-il commis librement ?*

Lorsque nous n'obéissons pas à une force extérieure qui nous oblige à accomplir cet acte; tels que: la discipline, une règle de conduite qui nous a été imposée, un ordre auquel nous ne pouvons nous soustraire.

10. *Quelles sont les conséquences de la responsabilité ?*

Le mérite et le démérite, les récompenses et les châtiments.

L'OBLIGATION OU LE DEVOIR

CARACTÈRE DE LA LOI MORALE, INSUFFISANCE DE L'INTÉRÊT PERSONNEL COMME BASE DE LA MORALE, INSUFFISANCE DU SENTIMENT COMME PRINCIPE UNIQUE DE LA MORALE

1. *Qu'entendez-vous par la loi morale ou naturelle ?*

L'obligation résultant de la distinction du bien et du mal; ou encore l'acte d'autorité souveraine, humaine ou divine, qui règle, ordonne, permet ou défend.

2. *Quels sont les caractères de la loi morale ?*

La clarté, la possibilité à la suivre, l'universalité, l'invariabilité, l'obligation.

3. *Expliquez chacun de ces caractères.*

1° La loi morale est claire, puisqu'elle est accessible à tous, que chacun en lit dans son cœur les préceptes avec la même facilité et la même sûreté ; 2° possible à suivre, son accomplissement ne dépend que de la volonté; 3° universelle, on la retrouve dans tous les temps et chez tous les peuples; 4° obligatoire, parce qu'on doit se soumettre à l'autorité de ses prescriptions, quoiqu'on puisse l'enfreindre librement.

4. *Quel nom porte chacune des prescriptions de la loi morale?*
Le nom de devoir.

5. *Quels sont les motifs sur lesquels repose la morale?*
Le plaisir, l'utilité et le devoir ; mais ce dernier est le premier de tous.

6. *Pourquoi appelez-vous le devoir le premier de tous?*
Parce que la conscience nous atteste que nous pouvons légitimement résister à l'agréable et sacrifier l'utile, tandis qu'elle nous oblige à l'accomplissement du devoir.

7. *Ce n'est donc pas le plaisir qui peut être choisi comme base de la morale?*
Non, parce que le plaisir est variable comme la sensibilité qui le produit

8 *Pourquoi encore?*
Parce qu'il est dénué d'autorité, étant personnel, nullement obligatoire, et qu'il est anti-social.

9. *Et l'intérêt peut-il servir de base à la morale?*
Non, parce que si l'intérêt personnel est le principe unique de l'action humaine, l'homme cherchera son bien par la ruse ou la violence, et sacrifiera les intérêts de la société à son intérêt personnel.

10 *Quel est donc le vrai motif ou la seule base de la morale?*
Le devoir : parce que, suivant Reid, « on n'est vertueux qu'en consultant le devoir ».

LE BIEN ET LE DEVOIR PUR

DIGNITÉ DE LA PERSONNE HUMAINE.

1. *A quoi nous oblige le devoir ?*
A faire le bien ou le juste, à fuir le mal ou l'injuste.

2. *D'où vient cette obligation ?*
De ce que la distinction du bien et du mal existe dans tous les esprits, et se trouve reconnue par le consentement unanime de tous les peuples.

3. *Qu'est-ce que le bien ?*
Le bien est l'acte que la conscience approuve, dont l'accomplissement nous procure le plaisir; le bien est utile à la société, nous pousse à la vertu et nous donne droit aux récompenses.

4. *Qu'appelez-vous le devoir pur ?*
L'accomplissement des prescriptions morales, non en vue de la récompense et de la crainte du châtiment, mais pour le bien seulement.

LE DROIT ET LE DEVOIR

LEURS RAPPORTS DIFFÉRENTS DEVOIRS. DEVOIRS DE CHARITÉ LA VERTU.

1. *Que nommez-vous devoirs ?*
On appelle devoirs, ce à quoi on est obligé par la loi morale dans les différentes positions où l'on est placé

2. *Quel rapport existe entre le droit et le devoir ?*
Le droit est le pouvoir d'agir et d'exiger ce qui est juste, équitable, conforme à la morale; le devoir est l'obligation de faire ce que le droit exige

3. *Quels sont les différents devoirs ?*
1° Les devoirs de l'homme envers lui-même, ce qui constitue la *morale individuelle;* 2° envers ses semblables, l'Etat et sa famille, *morale sociale;* 3° devoirs envers Dieu, *morale religieuse.*

4. *Dans quelle morale sont compris les devoirs que vous venez d'énumérer ?*
Dans la morale spéciale.

5. *Les devoirs de charité peuvent-ils constituer un droit ?*
Non, car, en dehors des devoirs de justice, nos semblables n'ont le droit de rien exiger de nous.

6. *Quels sont les devoirs de charité ?*
L'indulgence pour les fautes; l'assistance envers les malheureux; la tolérance pour les opinions.

7. *Et les devoirs de justice ?*
1° Ne point attenter à la vie d'autrui, ou se faire justice soi-même, 2° respecter la liberté, la réputation et la propriété; 3° ne point égarer l'intelligence et la sensibilité de nos semblables; 4° ne pas les entraîner dans les plaisirs funestes

8. *Quel est le guide des devoirs de charité ?*
La conscience.

9. *Qu'est-ce que la vertu ?*
La vertu est la disposition ferme et constante de pratiquer le bien et de fuir le mal; elle doit être le but de notre vie.

10. *Y a-t-il différents degrés dans la vertu ?*
Oui, suivant la difficulté pour l'accomplir; plus son

accomplissement demande de sacrifices, plus la vertu est grande et généreuse.

11. *Quelles sont les principales vertus que l'homme doit pratiquer ?*
Ce sont les vertus cardinales : la prudence ou sagesse, la force ou courage, la justice et la tempérance.

LES SANCTIONS DE LA MORALE

RAPPORTS DE LA VERTU ET DU BONHEUR SANCTION INDIVIDUELLE, SOCIALE, SUPÉRIEURE. LA VIE FUTURE ET DIEU.

1. *Que nous procure la pratique de la vertu ?*
Elle nous procure le bonheur.

2. *Qu'est-ce que le bonheur ?*
La vive satisfaction que ressent l'âme de l'accomplissement du devoir.

3. *Où la vertu trouve-t-elle sa récompense ?*
Dans l'approbation de la conscience, des hommes et de Dieu

4. *Quel nom donnez-vous à ces approbations ?*
Le nom de sanctions de la loi morale.

5. *Dites ce que vous entendez par sanction d'une loi.*
L'ensemble des peines et des récompenses attachées à l'observation ou à la violation de cette loi

6. *Nommez les différentes sanctions morales.*
1° L'approbation de la conscience ou le plaisir moral, et la désapprobation de la conscience ou la peine morale, c'est-à-dire le remords.

2° L'approbation ou la désapprobation des hommes, se traduisant par l'estime ou le blâme, la récompense ou le châtiment.

3° L'approbation ou la désapprobation de Dieu, c'est-à-dire les récompenses ou les peines qui nous attendent dans l'autre vie.

7. *Quels autres noms donnez vous à ces trois sortes de sanctions ?*

J'appelle la 1re sanction individuelle ou de la conscience ; la 2e sanction sociale ou des hommes; la 3e sanction supérieure ou de Dieu.

8 *Les deux premières sanctions sont-elles suffisantes ?*

Non, parce que l'habitude étouffe souvent le remords ; la sanction de la conscience perd donc de son efficacité ; de plus, on s'attire quelquefois l'estime et l'approbation des hommes par l'hypocrisie ; la sanction des hommes peut donc se tromper.

9. *Quelle est, à votre avis, la sanction la plus parfaite ?*

La sanction supérieure ou de Dieu, celle qui s'exerce non sur le corps, mais sur l'âme ; non au point de vue humain, mais au point de vue divin ; celle dont les récompenses et les châtiments seront appliqués dans une autre vie avec une sévère justice : et c'est là le but de la vie future.

10 *La vertu est-elle toujours récompensée sur la terre ?*

Non, parce que la justice des hommes peut se tromper ; et l'on voit souvent le vice jouir du bonheur physique qui n'est dû légalement qu'à la vertu.

11 *A quoi se rattache toute sanction morale ?*
A la Théodicée.

12 *Qu'est-ce que la Théodicée ?*
La démonstration de l'existence de Dieu

13. *Sur quelles preuves repose l'existence de Dieu ?*
Sur les preuves physiques, morales, métaphysiques.

14. *Quelles sont les preuves physiques ?*
1° L'existence de la matière ; 2° le mouvement de la matière ; 3° l'ordre de l'univers.

15. *Quelles sont les preuves morales ?*
1° La loi naturelle ; 2° le besoin irrésistible de la croyance à un être supérieur ; 3° le consentement unanime des peuples.

16 *Quelles sont les preuves métaphysiques ?*
1° Les idées d'immensité et d'éternité ; 2° les notions de cause absolue et de substance ; 3° l'existence des idées universelles et nécessaires ; 4° l'idée de l'être parfait.

17. *Expliquez les preuves physiques.*
1° La matière n'a pu se produire seule, ou elle serait Dieu ; et si la nature était Dieu, comment prouver l'existence de l'âme ou esprit ? donc la matière a été produite, de même que l'esprit, par un être supérieur ; et cet être est Dieu ; 2° la matière a nécessairement un premier moteur qui n'est pas elle, ce moteur est Dieu ; 3° tout ordre suppose une intelligence qui le produit ; or l'ordre de l'univers a été produit par une intelligence supérieure ; cette intelligence est Dieu.

18. *Expliquez les preuves morales.*
1° Toute loi suppose un législateur ; or la loi naturelle existe ; si la nature n'est pas Dieu, ce n'est donc pas la nature qui en est le législateur, mais Dieu.

2° Tous les hommes, dans tous les temps, ont cru en un être supérieur maître de leurs destinées, cet être supérieur est Dieu.

3° L'accord entre tous les peuples sur cette croyance est la preuve la plus certaine de l'existence de Dieu.

19. *Expliquez les preuves métaphysiques.*

1° Notre esprit croit à l'immensité, c'est-à-dire à un espace sans bornes, sans commencement ni fin, le fondement de la durée et de l'espace ; ce fondement c'est Dieu, dont l'un des attributs est l'éternité.

2° Le monde ne peut exister sans avoir eu une cause première ; cette cause, source de toutes les autres, c'est Dieu.

3° L'intelligence humaine tend toujours à s'élever, à remonter vers quelque chose de plus grand qu'elle, à un principe qui lui est supérieur. Ce principe c'est Dieu.

4° L'idée de l'être parfait existe dans notre intelligence ; cet être n'est point quelque chose de matériel, car la matière est capable de perfection, donc elle n'est point parfaite. L'être parfait est nécessairement au-dessus de la matière imparfaite, et c'est Dieu.

20. *Quelle est la destinée de l'homme ?*

C'est le bonheur par la pratique de la vertu.

21. *Pouvons-nous obtenir ce bonheur dans cette vie ?*

Nous ne l'obtenons pas toujours, car nous voyons souvent le vice jouir de la plus grande part des biens, tandis que la vertu est souvent ignorée et passe inaperçue aux yeux des hommes.

22. *Où la vertu sera-t-elle justement récompensée et le vice puni ?*

Dans une autre vie plus parfaite que la nôtre, dans la vie future, vie qui servira de sanction à la loi morale.

MORALE PRATIQUE

DEVOIRS INDIVIDUELS, LEUR FONDEMENT, PRINCIPALES FORMES DU RESPECT DE SOI-MÊME LES VERTUS INDIVIDUELLES (TEMPÉRANCE, PRUDENCE, COURAGE, RESPECT DE LA VÉRITÉ, DE LA PAROLE DONNÉE, DIGNITÉ PERSONNELLE)

1. *Que nommez-vous devoirs individuels ?*
Les devoirs de l'homme envers lui-même.

2. *Sous combien d'espèces connaissez-vous ces devoirs ?*
Sous deux espèces : les devoirs envers l'âme, et les devoirs envers le corps.

3. *Les devoirs relatifs à l'âme, qu'ont-ils pour objet ?*
1° La sensibilité qui doit être conservée pour ne point altérer l'intelligence et la volonté ; 2° l'intelligence qui doit être développée pour atteindre à la vérité, découvrir l'erreur et parvenir à la connaissance de Dieu ; 3° l'activité qui doit être cultivée pour faire le bien et fuir le mal, pour conserver à l'âme son empire et maintenir l'homme dans sa dignité personnelle.

4. *Quels sont les devoirs relatifs au corps ?*
1° Conserver ses organes, parce que le corps est le serviteur de l'âme ; 2° subvenir aux besoins du corps ; 3° le fortifier afin de mesurer le travail à sa force, la nourriture à ses besoins, le repos à la lassitude.

5. *Que constitue l'ensemble de ces devoirs ?*
Le respect de soi-même : respect de l'âme, respect du corps.

6. *Qu'est-ce que le respect ?*
Le respect est la vénération, la déférence qu'on a

pour quelqu'un, pour quelque chose, à cause de son excellence, de son caractère, de sa qualité et de son âge.

7. *Que devez-vous cultiver en vous pour inspirer le respect?*
La vertu.

8. *Quelles vertus devez-vous pratiquer particulièrement?*
La prudence, le courage, la justice, la tempérance, parce qu'elles sont la source des autres vertus.

9. *Qu'est-ce que la prudence?*
La prudence est une vertu qui nous fait discerner et choisir les moyens les plus sûrs pour pratiquer le bien et fuir le mal.

10. *Qu'est-ce que le courage?*
Le courage est une vertu qui nous donne la force de pratiquer tous nos devoirs.

11. *Qu'est-ce que la justice?*
La justice est une vertu qui nous porte à rendre à chacun ce qui lui est dû.

12. *Qu'est-ce que la tempérance?*
La tempérance est une vertu qui nous fait éviter les excès, et user de toutes choses avec modération.

13. *Quelles sont les autres vertus morales?*
L'obéissance, l'humilité, la douceur, la patience, la reconnaissance, le respect de la vérité, de la parole donnée, etc.

14. *Quelle est l'essence de la vertu morale?*
C'est de nous incliner au bien.

DEVOIRS GÉNÉRAUX DE LA VIE SOCIALE

RAPPORTS DES PERSONNES ENTRE ELLES

1. *En combien de parties divisez-vous les devoirs de la vie sociale ?*

En trois parties : 1° devoirs de l'homme envers ses semblables, 2° devoirs de l'homme envers sa famille ; 3° devoirs de l'homme envers l'Etat.

2. *D'où naissent ces trois sortes de devoirs ?*

Des différents rapports des hommes entre eux.

3. *Quels sont ces différents rapports ?*

1° Rapports des membres d'une même famille, des supérieurs avec les inférieurs, des maîtres avec les domestiques, etc. 2° Rapports des citoyens entre eux, des citoyens envers l'Etat, et réciproquement.

DEVOIRS DE JUSTICE

RESPECT DE LA PERSONNE DANS SA VIE, CONDAMNATION DE L'HOMICIDE, CAS DE LÉGITIME DÉFENSE.

1. *Quels sont les devoirs de l'homme envers ses semblables ?*

Ce sont : 1° les devoirs de justice, 2° les devoirs de charité.

2. *Dans quel précepte sont contenus les devoirs de justice?*

Dans le précepte suivant : « Ne faites pas à autrui ce que vous ne voudriez pas qu'on vous fît ».

3. *Quel autre nom donnez-vous aux devoirs de justice?*

Je les appelle devoirs négatifs.

4. *Quel est le premier devoir négatif?*

Celui de ne pas attenter à la vie du prochain.

5. *N'y a-t-il pas d'exceptions?*

Si, par exemple : le cas de légitime défense, celui où la loi frappe de mort pour la punition d'un crime, et le cas de guerre.

6. *Qu'appelez-vous cas de légitime défense?*

Lorsqu'un malfaiteur cherche à vous ôter la vie, et qu'on ne saurait autrement la sauver qu'en lui donnant la mort.

7. *La loi punit-elle l'homicide?*

Oui, et elle peut même le punir de mort.

8. *Connaissez-vous un cas où l'homicide n'est pas imputable?*

Lorsque l'homicide est accidentel

9. *Le suicide est-il permis?*

Non, parce qu'il est défendu de se faire justice soi-même, en vertu des lois de la morale.

10. *Et le duel est-il permis?*

Le duel est aussi défendu, parce que, s'il ne donne pas toujours la mort, il peut en être cause; les circonstances qui accompagnent le duel peuvent être plus ou moins atténuantes; mais celui qui tue son adversaire en duel demeure toujours un meurtrier.

RESPECT DE LA PERSONNE DANS SA LIBERTÉ

L'ESCLAVAGE, LE SERVAGE, LIBERTE DES ENFANTS MINEURS, DES SALARIES

1. *Nommez un autre devoir de justice.*
Le respect de l'homme dans sa liberté.

2. *Qu'est-ce que la liberté ?*
C'est le droit que possède tout homme d'agir suivant ses moyens et de disposer à son gré de ses facultés.

3. *Quel état est opposé directement à la liberté, c'est à-dire à l'emploi libre de ses facultés ?*
L'esclavage ou le servage.

4. *En quoi cet état est-il opposé à la liberté ?*
En ce que le maître a tous les pouvoirs sur son esclave, jusqu'à celui de s'en défaire, soit en l'aliénant, soit même en le détruisant.

5. *A quelle grande institution devons-nous l'abolition de l'esclavage ?*
Au Christianisme.

6. *La domesticité est-elle un état contraire à la liberté ?*
Non, parce que le domestique sert son maître parce qu'il le veut, et qu'il est libre de le quitter quand il lui plaît ; et il le quitte légalement lorsque son maître ne le traite pas comme il le doit.

7. *A quoi donc le maître est-il obligé envers ses domestiques ?*
A leur payer le juste salaire qu'il leur a promis ; à respecter leur religion, leur honneur ; à veiller sur eux pour les protéger ; à proportionner leur travail à leur

force et à leur santé ; enfin à les traiter comme des membres de la famille.

8. *Quels sont les devoirs des serviteurs envers les maîtres ?*

Ils leur doivent obéissance, service et fidélité.

9. *Le travail qui astreint l'ouvrier à pratiquer un métier n'est-il pas un obstacle à la liberté ?*

Non, parce que, depuis l'abolition du servage, personne n'est tenu à faire un métier plutôt qu'un autre, et que depuis 1791 la loi a accordé la liberté du travail.

10. *Rappelez cette loi du 2 mars 1791.*

« Il sera libre à toute personne de faire tel négoce et d'exercer telle profession, art ou métier qu'elle trouvera bon. »

11. *A quel âge un homme peut-il, suivant la loi, jouir pleinement de sa liberté ?*

A l'âge de 21 ans.

12. *Les enfants mineurs ne sont donc pas libres ?*

Si, ils sont libres dans le sens moral, c'est-à-dire qu'ils jouissent, comme tous les hommes, du libre arbitre ; mais ils ne peuvent disposer de leurs biens, accomplir un acte social ou se livrer à un métier, sans le consentement de leur père ou de leur tuteur.

RESPECT DE LA PERSONNE DANS SON HONNEUR ET SA RÉPUTATION

LA CALOMNIE, LA MÉDISANCE — RESPECT DES OPINIONS ET DES CROYANCES — L'INTOLÉRANCE, L'ENVIE, LA DÉLATION, ETC

1. *Le respect de la liberté de l'homme est-il suffisant pour la pratique des devoirs de justice ?*
Non, il faut encore respecter l'homme dans sa réputation, ses opinions et ses croyances.

2. *Comment peut-on nuire à la réputation de l'homme ?*
Par les médisances, les calomnies, le mensonge, le jugement téméraire, le faux témoignage.

3. *Qu'est-ce que le faux témoignage ?*
C'est l'attestation, sous la foi du serment et devant les juges, d'une chose contraire à la vérité.

4. *Sur quoi repose le faux témoignage ?*
Sur le mensonge et le désir de nuire.

5. *Qu'est-ce que la calomnie ?*
La calomnie est l'allégation fausse d'un crime.

6. *Qu'est-ce que la médisance ?*
La médisance est la révélation, sans raisons suffisantes, des fautes ou des vices de nos semblables.

7. *Pourquoi dites-vous sans raisons suffisantes ?*
Parce qu'il peut être nécessaire, en justice, de révéler les fautes d'autrui, soit pour punir un coupable dangereux, soit pour empêcher la condamnation d'un innocent.

8. *Et le jugement téméraire ?*
C'est croire le mal de son semblable sans preuves ni raison.

9 *N'y a-t-il pas d'autres vices opposés au respect ?*
Il y a encore les contumélies, les railleries, la révélation d'un secret ou délation.

10. *Qu'appelez-vous contumélies ?*
J'appelle contumélies les reproches injurieux faits à quelqu'un en présence de témoins, et encore la révélation de ses vices ou de ses défauts.

11. *Qu'est-ce que la raillerie ?*
La raillerie est une moquerie traduite par une phrase acerbe, piquante, méchante ; elle est la source des querelles et des haines ; elle a pour but de blesser et d'humilier celui auquel elle s'adresse.

12. *Qu'est-ce que la délation ?*
La délation est l'acte par lequel on découvre une chose cachée, dont la révélation peut être préjudiciable à l'honneur, la réputation, la fortune d'un individu ou d'une famille.

13. *Suffit-il de respecter l'homme dans sa réputation ?*
Non, il faut encore le respecter dans ses opinions et dans ses croyances.

14. *Pourquoi ?*
Parce que tous les hommes ayant en eux le principe de la liberté peuvent avoir les idées qui leur plaisent, et croire ce qu'ils veulent.

15. *Comment pratiquerons-nous cette sorte de respect ?*
Par la tolérance, c'est-à-dire l'indulgence pour ce qu'on ne veut ou qu'on ne peut empêcher.

RESPECT DE LA PERSONNE DANS SES BIENS.

LE DROIT DE PROPRIÉTÉ — CARACTÈRE SACRÉ DES PROMESSES ET DES CONTRATS

1. *Nommez encore un des devoirs de justice.*
Le respect de l'homme dans ses biens.

2. *Pourquoi sommes-nous obligés à cette sorte de respect ?*
Parce que la propriété est une des bases fondamentales de la société, un élément principal de l'ordre, de la paix, et du bonheur public.

3. *Sur quoi repose le droit de propriété ?*
Sur le droit même de la vie, car sans la propriété les hommes se disputeraient sans cesse les choses nécessaires à l'existence.

4. *La propriété est-elle un droit naturel ?*
Oui, puisque l'homme possède dès son origine des choses qui lui sont propres: son intelligence, ses facultés, ses sentiments, etc.

5. *Quelle est la source première de la propriété des choses ?*
C'est l'occupation ou la prise de possession de ce qui n'appartenait encore à personne.

6. *Et comment possède-t-on les choses déjà occupées ?*
Par acquisition.

7. *Comment s'opère l'acquisition ?*
Par transmission.

8. *Quels sont les moyens de transmission ?*
Ce sont: 1° la succession, par laquelle les biens d'un

défunt passent à ses héritiers ; 2° l'échange, qui transmet la propriété de l'un à l'autre moyennant un équivalent ; 3° la donation, par laquelle celui qui possède donne ses biens à celui qui ne possède pas.

9. *Quels sont ceux qui manquent au respect de la propriété?*

Les voleurs, les domestiques infidèles, les marchands et les ouvriers sans probité, les magistrats et les juges corrompus, les usuriers, les spoliateurs, enfin tous ceux qui retiennent injustement les biens d'autrui.

10. *Quels systèmes sont opposés à la propriété?*

Le socialisme qui exige que la terre et les instruments de production cessent d'appartenir à l'être individuel, pour passer aux mains d'une association qu'on personnifie de façon que chaque membre de l'association ne possède rien par lui-même.

11. *Et ensuite?*

Le communisme qui rêve l'égalité dans les travaux, dans les conditions, dans la possession de la fortune.

12. *Ne manque-t-on pas encore en d'autres manières au respect dû à la propriété?*

Oui, en ne tenant pas ses promesses, et en ne remplissant pas ses contrats.

13. *Que voulez-vous dire par ne pas tenir ses promesses?*

J'entends ne pas payer une somme due, laquelle on s'est engagé de payer en un temps fixé, par une simple promesse verbale ou écrite.

14. *En vertu de quoi cette promesse a-t-elle de la valeur?*

En vertu du crédit.

15. *Qu'est-ce que le crédit?*

Le droit de disposer de la chose d'autrui moyennant la promesse d'un remboursement.

16. *Qu'est-ce qu'un contrat?*
On appelle contrat une convention, un acte revêtu des formes d'un acte public, par lequel on s'engage à remplir telle condition; ne pas tenir un contrat, c'est attaquer le droit de propriété.

DEVOIRS DE CHARITE.

OBLIGATION DE DEFENDRE LES PERSONNES MENACEES DANS LEUR VIE, LEUR LIBERTÉ, LEUR HONNEUR, LEURS BIENS. — LA BIENFAISANCE PROPREMENT DITE, LE DÉVOUEMENT ET LE SACRIFICE. — DEVOIRS DE BONTE ENVERS LES ANIMAUX

1. *Quel est le principal devoir de l'homme envers ses semblables?*
Le principal devoir de l'homme envers ses semblables, c'est la charité; il est contenu dans ce précepte : « Faites à autrui ce que vous voudriez qu'on vous fît ».

2. *A quoi nous oblige le devoir de charité?*
A défendre nos semblables, lorsqu'ils sont menacés dans leur vie; à les délivrer, lorsqu'on les prive injustement de leur liberté; à les soutenir dans leur honneur, lorsqu'on les attaque; à empêcher la perte de leurs biens.

3. *A quoi nous oblige encore la charité?*
A l'aumône.

4. *Qu'est-ce que l'aumône?*
L'aumône est un devoir commandé par la nature, et par lequel tout homme, le riche surtout, est dans

l'obligation de fournir à celui qui en a besoin, les choses indispensables à la vie.

5. *L'humanité a-t-elle le droit d'exiger l'accomplissement de ce devoir ?*

Oui, parce que chacun pendant sa vie a droit, et un droit inaliénable, à la jouissance de tout ce qui est nécessaire à la conservation de sa santé, de ses forces, pour remplir convenablement ses devoirs.

6. *L'aumône ne porte-t-elle pas un autre nom ?*
On la nomme aussi bienfaisance.

7. *Qu'est-ce que la bienfaisance proprement dite ?*
La bienfaisance, c'est aider non seulement les hommes par son argent, mais aussi par ses services.

8. *A quelle condition les services rendus sont-ils au-dessus de l'aumône ?*
A la condition d'être désintéressés.

9. *Qu'entendez-vous par la bienfaisance désintéressée ?*
C'est-à-dire la bienfaisance accomplie non par vanité, par ostentation, mais uniquement pour le bien.

10. *Quel est le plus haut degré de la charité envers le prochain ?*
Le dévouement et le sacrifice.

11. *Qu'est-ce que le dévouement ?*
On appelle dévouement l'instinct généreux qui nous fait préférer les autres à nous-mêmes, et nous pousse au sacrifice.

12. *Qu'est-ce que le sacrifice ?*
C'est l'abandon d'une chose agréable, utile ou nécessaire en faveur de nos semblables ; c'est l'acte par lequel on se met tout entier au service de l'humanité ; en un mot, c'est l'oubli complet de soi-même.

13. *Quels devoirs secondaires se rattachent aux devoirs de charité?*

Les devoirs de bonté et de protection envers les animaux.

14. *Pourquoi ces devoirs?*

Parce qu'il est d'un cœur généreux et juste de veiller au bien-être même des animaux, lesquels ont été faits pour le service de l'homme, et particulièrement les animaux domestiques, les oiseaux et les autres animaux insectivores.

DEVOIRS DE FAMILLE.

DEVOIRS DES PARENTS ENTRE EUX, DEVOIRS ENVERS LES PARENTS, DES ENFANTS ENTRE EUX. — LE SENTIMENT DE LA FAMILLE.

1. *Qu'est-ce que la famille?*

On appelle famille l'ensemble de toutes les personnes du même sang, comme père, mère, enfants, frères, neveux; ou encore l'ensemble de toutes les personnes, parentes ou non, maîtres ou serviteurs, qui habitent la même maison et vivent en commun.

2. *Quel est l'état de l'homme dans la famille?*

Il peut être fils, époux, père, maître, etc., et chacun de ces états donne naissance à des devoirs.

3. *Quels sont les devoirs généraux des parents entre eux?*

Ils se doivent, en dehors de l'amitié : les bons procédés, les égards affectueux, la politesse, la bienveillance, la tolérance, l'assistance, l'exemple des bonnes mœurs.

4. *Dites en particulier les devoirs des enfants envers leurs parents.*

Les enfants doivent à leurs parents : le respect, l'obéissance en tout ce qui n'est pas contraire à la morale et à leur propre bien; l'amour, qui doit se manifester par les paroles ou les actions, surtout lorsque les parents sont dans la nécessité ou dans un âge avancé ; et enfin la reconnaissance.

5. *Et les devoirs des parents envers les enfants?*

Ils leur doivent l'exemple des bonnes mœurs, la correction, l'instruction et l'amour.

6. *Quels sont les devoirs des enfants entre eux?*

L'affection, le bon exemple, le support des défauts les uns des autres, la franchise dans leurs actes, le respect de la vérité, la protection pour les enfants faibles ou malades.

7. *Le sentiment de la famille est-il un sentiment naturel?*

Oui, puisque nous le trouvons même chez les animaux.

8. *Quel bienfait l'humanité tire-t-elle de ce sentiment?*

Par lui, les générations se succèdent et se reproduisent, les sociétés se forment et les peuples s'unissent.

DEVOIRS PROFESSIONNELS.

PROFESSIONS LIBÉRALES, FONCTIONNAIRES, INDUSTRIELS, COMMERÇANTS, SALARIÉS ET PATRONS.

1. *Les professions libérales créent-elles des devoirs envers les sociétés ?*
Oui : telle est la profession du magistrat chargé de faire ou d'exécuter les lois, ou d'en punir les infractions.

2. *A quoi est obligé le magistrat ?*
A se respecter lui-même, à rendre recommandable le caractère dont il est revêtu, à ne pas livrer le pouvoir à la haine ou au mépris public par des mœurs dissolues, ou par une vie de luxe et de plaisir.

3. *Et le législateur ?*
Le législateur doit créer des lois justes et sages, conformes à la morale, n'entravant pas la liberté de conscience, n'établissant pas d'impôts onéreux ou inutiles.

4. *Et ceux qui professent les arts libéraux ?*
Ils doivent chercher à se rendre utiles en mettant au service de l'humanité leur intelligence et ses facultés : l'énergie, la persévérance, l'esprit d'examen, le goût du travail austère, l'amour de la vérité.

5. *Quels sont les devoirs des fonctionnaires ou employés du gouvernement ?*
Ils doivent obéir à la loi toutes les fois que cette loi est juste et n'attaque pas leur liberté de conscience ; veiller à la sécurité publique, au maintien de l'ordre social, etc. ; en un mot, remplir tous les devoirs de leurs charges.

6. *Dites en quelques mots les devoirs des industriels et des commerçants.*

Les industriels et les commerçants ne doivent pas tromper l'acheteur sur la nature, la quantité et la qualité de la marchandise. Ils ne doivent pas usurper les marques de fabrique les uns des autres, ni exposer la vie de leurs ouvriers ; et enfin, ils sont obligés à se conformer aux ordonnances qui prescrivent des précautions sévères pour l'établissement de certains métiers.

7. *A quoi sont obligés les ouvriers qui travaillent au compte d'un patron ?*

Ils sont obligés à être probes, c'est-à-dire à ne point profiter d'un défaut de surveillance pour voler le temps, à être fidèles à l'ordre; sobres, soigneux et soucieux des intérêts du patron ; enfin, ils sont obligés à acquérir l'instruction nécessaire pour posséder les qualités professionnelles.

8. *Quels sont les devoirs des patrons envers les salariés ?*

Ils doivent tenir compte, pour la répartition des salaires, de la difficulté du travail, du danger à l'exécuter, de la force de celui qui l'exécute et des heures de corvée. Enfin ils sont tenus à payer intégralement le prix convenu, à s'entr'aider, et à chercher leur profit commun dans la concorde.

DEVOIRS CIVIQUES.

LA PATRIE. L'ÉTAT ET LES CONCITOYENS. — FONDEMENT DE L'AUTORITÉ PUBLIQUE. LA CONSTITUTION ET LES LOIS LE DROIT DE PUNIR.

1. *Qu'est-ce que la patrie ?*
La patrie c'est le lieu où l'on est né, la nation dont on fait partie, la grande famille dont chaque citoyen est un membre.

2. *Qu'est-ce que l'Etat ?*
On appelle État le gouvernement, l'administration d'un pays ou d'une société organisée, constituée et policée.

3. *Sur quelles bases est formé l'Etat ?*
Sur la famille, le travail, la propriété et l'ordre public.

4. *Quel est le fondement de l'autorité publique ?*
Le suffrage universel.

5. *Qu'est-ce que le suffrage universel ?*
Le système en vertu duquel chaque citoyen a le droit de délibérer sur les destinées de la commune, du département et de l'État.

6. *Quel nom donnez-vous à l'expression des volontés nationales ?*
Je lui donne le nom de Constitution.

7. *Dites en d'autre manière ce que vous entendez par la constitution d'un pays.*
La forme de gouvernement adoptée par ce pays, pour le diriger et lui donner des lois.

8. *Qu'est-ce que la loi ?*

La loi est l'acte de l'autorité souveraine par lequel elle permet, ordonne ou défend

9. *L'Etat a-t-il le droit de punir ?*

Oui, parce que toute autorité, par son essence même, possède le droit de justice, c'est-à-dire celui de récompenser et celui de punir.

DEVOIRS DES SIMPLES CITOYENS.

L'OBÉISSANCE AUX LOIS, L'IMPÔT, LE SERVICE MILITAIRE, LE VOTE, L'OBLIGATION SCOLAIRE.

1. *Quels sont en général les devoirs d'un bon citoyen ?*

« Tout citoyen doit préférer la patrie à son parti ; mettre les intérêts du pays au-dessus de ses intérêts particuliers ; respecter les opinions d'autrui pour obtenir le respect de ses propres convictions ; enfin remplir ses devoirs, s'il veut être écouté lorsqu'il parle de ses droits. »

2. *Quels sont en particulier les devoirs d'un bon citoyen envers l'Etat ?*

Aimer la patrie, la servir et la défendre au prix même de sa vie ; obéir aux autorités constituées ; participer aux charges de l'Etat ; s'assurer par le travail les moyens d'existence ; concourir à l'ordre général et au bien-être commun en observant les lois morales et les lois écrites qui régissent la société, la famille, l'individu.

3. *A combien de devoirs peuvent se résumer ceux que vous venez d'énumérer ?*

A trois principaux : le devoir scolaire, le devoir militaire, et le devoir fiscal.

4. *Pourquoi l'Etat oblige-t-il à l'accomplissement de chacun de ces devoirs ?*

Parce que tout citoyen doit connaître les premiers principes de la raison et de la justice ; défendre sa patrie et en soutenir l'honneur ; et enfin contribuer aux dépenses générales en payant l'impôt.

5. *Nommez un quatrième devoir remarquable par son importance.*

L'obligation du vote.

6. *Qu'est-ce que le vote ?*

Le vote est l'acte par lequel chaque citoyen a le droit d'exprimer sa volonté, et de coopérer à la direction des affaires.

DEVOIRS DES GOUVERNANTS

1. *Quels sont les devoirs de l'Etat envers les citoyens ?*

L'Etat doit protéger le citoyen dans sa personne, sa famille, sa propriété, son travail, sa religion ; lui rendre bonne et exacte justice ; mettre à la portée de chacun l'instruction indispensable à tous les hommes, et assurer par l'assistance publique l'existence des citoyens nécessiteux.

2. *Comment les gouvernants peuvent-ils pratiquer ces devoirs ?*

En créant des lois sages, en fondant d'utiles institutions, et en choisissant d'habiles fonctionnaires pour faire exécuter les lois et veiller à la sécurité générale.

DEVOIRS DES NATIONS ENTRE ELLES.

LE DROIT DES GENS.

1. *Quels sont les principaux devoirs des nations entre elles ?*
Maintenir la paix, sans laquelle le commerce et l'industrie souffrent ; ne point déclarer la guerre sans en avoir reconnu la justice et l'utilité ; éviter de sacrifier le droit permanent à l'intérêt du moment, et enfin respecter le droit des gens.

2. *Qu'est-ce que le droit des gens ?*
On appelle droit des gens, le droit reconnu par les gouvernements, et que possède tout homme de vivre dans tel ou tel Etat, à la condition qu'il se conformera aux lois générales de ce pays, et n'en troublera ni l'ordre, ni la sécurité publique. L'Etat, en retour, lui doit protection comme à l'un de ses sujets.

DEVOIRS RELIGIEUX ET DROITS CORRESPONDANTS.

LIBERTÉ DES CULTES. RÔLE DU SENTIMENT RELIGIEUX EN MORALE

1. *Quel est le devoir imposé par toute religion ?*
Le devoir du culte.

2. *Combien de sortes de cultes ?*
Deux sortes : le culte intérieur qui n'existe que

dans l'âme : telle est la pensée religieuse ; le culte extérieur, consistant dans les actes par lesquels nous manifestons notre croyance et nos sentiments.

3. *Quels sont les différents cultes extérieurs ?*

Le culte privé, c'est-à-dire celui que chacun rend en particulier à la Divinité ; et le culte public, celui que nous rendons avec nos semblables dans les édifices consacrés.

4. *En France, la liberté des cultes existe-t-elle ?*

Oui, en vertu de la liberté de conscience et de notre constitution qui n'admet pas la religion de l'Etat.

5. *Quelle influence exerce le sentiment religieux sur la morale ?*

Elle élève le cœur de l'homme, le pousse à l'accomplissement de la vertu pour s'approcher le plus possible de l'être idéal vers lequel l'âme aspire ; or cet idéal ne peut être que la Divinité.

APPLICATION DES PRINCIPES DE PSYCHOLOGIE ET DE LA MORALE A L'ÉDUCATION.

1. *Comment pouvons-nous appliquer les principes de psychologie et de morale à l'éducation ?*

En développant dans l'enfant ses qualités intellectuelles par l'observation, l'attention, la mémoire ; en cultivant et réglant son imagination, en éclairant sa raison, et en redressant son jugement.

2. *Quel est le double but de l'éducation morale ?*

1° Rendre la faculté de raison capable de discerner la vérité et l'erreur, le bien et le mal ; 2° donner une telle habitude de bien agir que l'imagination, les passions, les affections s'accoutument à suivre les décisions de la raison éclairée par la conscience.

3. *Quels moyens l'éducateur peut-il employer pour élever le sens moral chez les enfants?*

La lecture des bons livres, le récit des grandes actions, l'exemple des vertus et des bonnes mœurs, et enfin tout ce qui peut éclairer l'intelligence, développer les qualités du cœur, et élever l'âme jusqu'à la perfection de sa nature.

INSTRUCTION CIVIQUE

HISTORIQUE.

LES ORIGINES DE NOTRE DROIT PUBLIC. 1799, 1848, 1875.

1. *Dites en peu de mots l'origine de notre droit public.*
En 1789, l'autorité royale passa tout entière à 'Assemblée nationale, et la distinction établie entre les ordres cessa d'exister; mais ce ne fut qu'en 1799 que le peuple fut appelé à faire connaître sa volonté par le vote; la constitution de l'an VIII fut ainsi acceptée par trois millions de suffrages

2. *Qu'est-ce que la constitution de l'an VIII?*
La constitution de l'an VIII, rédigée par Siéyès, appelait tous les citoyens à concourir à la désignation de ceux qui seraient revêtus du pouvoir public. A cet effet, il y eut trois listes de candidature.

3. *Nommez ces trois listes*
1° La liste de la notabilité communale, formée d'un dixième des citoyens actifs : ce dixième était élu par le suffrage de tous; 2° la liste de la notabilité

départementale, formée par le vote des membres de la liste communale, dont elle ne comprenait que le dixième; 2° la liste de la notabilité nationale, égale au dixième de la liste départementale : ses membres étaient choisis par les candidats de cette seconde liste.

4. *Quels étaient les grands pouvoirs chargés de la rédaction et du maintien des lois ?*

Le Conseil d'État, le Tribunat, le Corps législatif, le Sénat.

5. *Expliquez les fonctions de chaque pouvoir.*

Le Conseil d'État rédigeait les lois et les présentait au Corps législatif, et envoyait trois de ses membres pour les discuter et les soutenir devant cette assemblée. Le Tribunat, formé de cent membres, discutait en public les projets de loi, puis émettait un vote pour l'adoption ou le rejet; dans ce dernier cas, il nommait trois membres pour discuter le projet contradictoirement avec les conseillers d'État. Le Corps législatif, composé de trois cents membres, entendait discuter les lois et votait en silence. Le Sénat, formé d'hommes sans position active, richement dotés, cassait toute loi ou tout acte du gouvernement qui lui paraissait être contre la constitution.

6. *Dans quelle liste étaient pris les membres du pouvoir et les fonctionnaires publics ?*

Les ministres, les conseillers d'État étaient pris dans la liste de la notabilité nationale; les préfets et les principaux fonctionnaires des départements, dans la liste de notabilité départementale; les maires, dans la liste de notabilité communale.

7. *Par qui étaient nommés les membres du Corps législatif, du Tribunat et du tribunal de cassation ?*

Par le Sénat.

8. *Et les membres du Sénat ?*

Par lui-même, en choisissant ses membres dans la liste de notabilité nationale.

9. *Par la constitution de l'an VIII, qui établit-on à la tête du pouvoir exécutif ?*

On établit trois consuls.

10. *De combien de membres se composait le Sénat ?*

De soixante, dont les trente premiers furent nommés par les consuls.

11. *Parlez-nous de la constitution de 1848.*

Après l'insurrection de juin, l'Assemblée nationale nomma pour chef du pouvoir exécutif le général Cavaignac, puis rédigea la constitution qui fut adoptée au mois de novembre suivant. Cette constitution partageait le pouvoir entre une Assemblée législative élue pour trois ans et un président nommé pour quatre ans et non rééligible.

12. *De combien de membres se composait l'Assemblée législative ?*

Elle se composait de sept cent cinquante membres.

13. *Quelle était l'étendue de son pouvoir ?*

Son pouvoir n'avait aucun contre-poids; sa souveraineté était absolue; ses projets, à la troisième lecture, étaient convertis en lois; le président ne pouvait la dissoudre.

14. *Quel était le devoir du président ?*

Il était responsable, nommait aux emplois, faisait les traités, disposait de l'armée, sans avoir le droit de commander en personne.

15. *Quel principe fut reconnu par la constitution de 1848 ?*

Le suffrage universel: tout Français jouissant de ses droits civils fut électeur à vingt et un ans, et éligible à vingt-cinq.

16. *Dites maintenant ce que vous savez de la constitution de 1875.*

Par la constitution de 1875, le pouvoir est partagé entre deux chambres : l'une chargée de discuter les lois, c'est la chambre des députés; l'autre qui accepte ou rejette les décisions prises par la première, cette chambre est le Sénat.

17. *Que forme la réunion de ces deux chambres ?*
Le Parlement.

18. *Combien de membres entrent dans la composition de chacune d'elles ?*
Les députés sont au nombre de 533; et les sénateurs au nombre de 300.

19. *Pour combien de temps chaque membre est-il élu ?*
Les députés sont élus pour quatre ans, 225 sénateurs sont élus pour 9 ans et renouvables par tiers tous les trois ans; les 75 autres sénateurs sont élus à vie.

20. *Par qui sont élus les députés et les sénateurs ?*
Les 225 sénateurs amovibles sont élus par les députés du département, les membres du conseil général, ceux des conseils d'arrondissement, et un délégué de chaque commune du département. Les 75 sénateurs inamovibles sont élus par le Sénat lui-même.

21. *Par qui sont élus les députés ?*
Par le suffrage universel.

22. *Quel est le chef du pouvoir exécutif ?*
Le président de la République élu par les deux chambres.

PRINCIPES GÉNÉRAUX.

LA SOUVERAINETÉ NATIONALE, SA LÉGITIMITÉ, SES LIMITES

1. *Qu'entendez-vous par souveraineté nationale?*
Le gouvernement de la nation par la nation.

2. *Ce gouvernement est-il légitime?*
Oui, parce qu'il a été reconnu par le suffrage universel, en 1799, 1848 et 1875.

3. *Ce gouvernement constitue-t-il absolument une République?*
Non; car le pouvoir exécutif peut être aussi bien entre les mains d'un monarque qu'entre les mains du président de la République.

4. *Pourquoi?*
Parce que le chef du pouvoir agit de concert avec les assemblées nommées par la nation, et n'a pas en conséquence de pouvoir absolu.

5. *Depuis quelle époque le pouvoir absolu n'existe-t-il plus en France?*
Depuis 1789; Louis XVI fut alors reconnu roi de France par la volonté nationale.

6. *Quelles sont les limites du pouvoir souverain?*
La liberté de conscience, la liberté individuelle, la propriété, le domicile.

7. *En France, le pouvoir souverain a-t-il toujours été limité de cette sorte?*
Non; pendant de longues années le libre exercice des religions autres que la religion catholique n'était pas accordé; jusqu'à Louis XI la liberté des propriétés

ne fut pas respectée, puisque la féodalité couvrait le royaume; enfin, la liberté individuelle ne fut vraiment reconnue qu'en 1789.

EXERCICE DE LA SOUVERAINETÉ NATIONALE.

LE SUFFRAGE UNIVERSEL; LES SUFFRAGES RESTREINTS, LES SUFFRAGES A PLUSIEURS DEGRÉS. ÉLECTEURS ÉLIGIBLES. LE VOTE — LES AGENTS DE LA SOUVERAINETÉ NATIONALE LE POUVOIR LÉGISLATIF, LE POUVOIR EXÉCUTIF, LE POUVOIR JUDICIAIRE: LEURS RAPPORTS ENTRE EUX.

1. *Au moyen de quoi la nation exprime-t-elle sa volonté?*
Au moyen du suffrage universel.

2. *Qu'est-ce que le suffrage universel?*
Le suffrage universel est le vote par lequel tout citoyen jouissant de ses droits politiques et civils prend part à la constitution.

3. *Pourquoi ordinairement fait-on usage du suffrage universel?*
Pour l'adoption d'un acte du gouvernement tendant à un changement de constitution ou au maintien du chef de l'État; enfin toutes les fois que le gouvernement a besoin de la sanction du peuple français.

4. *Connaissez-vous d'autres suffrages?*
Oui, les suffrages restreints, comprenant les votes d'un département, d'un arrondissement, d'une commune, suivant les différentes sortes d'élections.

— 61 —

5. *Combien de sortes d'élections ?*
Quatre sortes: les élections: 1° législative, c'est-à-dire l'élection d'un député; 2° générale, d'un conseiller général; 3° municipale, des conseillers municipaux; 4° l'élection des conseillers d'arrondissement.

6. *Ne connaissez-vous pas une autre sorte d'élection?*
Oui, l'élection sénatoriale; mais les électeurs n'y prennent part qu'indirectement.

7. *Qui a le droit d'être électeur ?*
Tout citoyen jouissant de ses droits civils et politiques et remplissant les conditions de résidence fixées par la loi.

8. *A quel âge un citoyen est-il électeur?*
A l'âge de vingt et un ans.

9. *Quelles sont les conditions de résidence à remplir pour être électeur ?*
Pour les élections politiques, il faut au moins habiter depuis six mois la même commune ; pour les élections municipales, il faut deux ans de résidence.

10. *Le temps de résidence ne peut-il pas être réduit pour les élections municipales?*
Il peut être réduit à un an pour les citoyens qui se sont mariés dans la commune ou qui sont inscrits au rôle d'une contribution, et à six mois pour ceux qui sont nés dans la commune ou bien ont satisfait à la loi de recrutement dans cette même commune.

11. *Quels citoyens sont éligibles?*
Tout électeur est éligible.

12. *Sur quoi se fait ordinairement le vote?*
Le vote se fait ordinairement sur papier blanc; le nom du candidat y doit être inscrit à la main ou imprimé, mais sans annotations.

13. *Où sont placés les bulletins de vote?*
Dans une urne ou scrutin dont le dépouillement a

lieu en public par des agents nommés à cet effet. Tout bulletin portant autre chose que le nom du candidat est déclaré nul. Le nombre des bulletins blancs, s'il y en a, est partagé également entre les candidats opposés.

14. *Quels sont les agents de la souveraineté nationale?*
Le pouvoir législatif, le pouvoir exécutif et le pouvoir judiciaire.

15. *Qu'est-ce que le pouvoir législatif?*
J'appelle pouvoir législatif, le Parlement, c'est-à-dire la Chambre des députés et le Sénat, chargés de présenter les projets de lois, de les délibérer et de les voter.

16. *Qu'est-ce que le pouvoir exécutif?*
Le pouvoir exécutif est celui qui est chargé de faire exécuter les lois; ses agents sont les ministres et le président de la République.

17. *Qu'entendez-vous par le pouvoir judiciaire?*
J'entends le pouvoir que possède la magistrature pour exercer la justice.

18. *Montrez le rapport qui existe entre ces différents pouvoirs.*
Le pouvoir législatif vote la loi, le pouvoir exécutif la fait appliquer, le pouvoir judiciaire veille à son application légale, et punit ceux qui agissent contre elle.

L'ETAT

LA CONSTITUTION CONFECTION DES LOIS. LA LOI

1. *Quel est le chef de la constitution ?*
Le Président de la République.

2. *Quelle est sa fonction principale ?*
Sa fonction principale est de nommer les ministres.

3. *Le choix des ministres est-il important ?*
Oui, parce que les ministres sont chargés de délibérer sur toutes les affaires d'un intérêt général et considérable; ils ont en mains tout le pouvoir exécutif, car le Président ne peut donner aucun ordre sans le contre-seing d'un ministre. Ils sont responsables, et peuvent encourir la désapprobation de la Chambre.

4. *Dans quels groupes le Président doit-il choisir les ministres ?*
Dans les groupes qui partagent les idées de la majorité.

5. *Quelles sont les autres fonctions du président de la République ?*
Il doit présider les cérémonies, passer des revues, donner des fêtes, recevoir les souverains, les ambassadeurs, les grands dignitaires de l'Etat, les sénateurs, les députés, les délégués des villes, etc.

6. *De combien de membres se compose le Sénat ?*
Le Sénat se compose de 300 membres, dont 225 sont élus pour 9 ans et renouvelables par tiers tous les 3 ans, et 75 élus à vie.

7. *Par qui sont élus les sénateurs ?*
Les sénateurs sont élus pour tout le département

par une assemblée électorale composée des députés du département, des membres du conseil général, des membres des conseils d'arrondissement, d'un délégué de chaque commune élu par le conseil municipal, qui peut le prendre hors de son sein.

8. *Les sénateurs inamovibles sont-ils élus de la même manière ?*
Non, ils sont élus par les sénateurs eux-mêmes.

9. *A quel âge peut-on se présenter comme candidat ?*
A l'âge de quarante ans.

10. *Quelles sont les attributions du Sénat ?*
Le Sénat accepte ou n'accepte pas les lois votées par la Chambre, et il se transforme en haute cour de justice quand la Chambre des députés a décidé la mise en accusation du Président de la République ou de ses ministres, pour quelle cause que ce soit.

11. *De combien de membres se compose la Chambre des députés ?*
La Chambre des députés se compose de 533 députés. Elle est renouvelable tous les quatre ans.

12. *Par qui sont nommés les députés ?*
Les députés sont nommés par les élections générales dans chaque département.

13. *Quelles sont les attributions de la Chambre ?*
La Chambre discute les projets de loi, et toujours la première, la loi des finances; les lois adoptées par elle sont ensuite présentées au vote du Sénat. Elle peut mettre en accusation le Président de la République pour le cas de haute trahison, et les ministres.

14. *Quelles sont les opérations communes aux deux Chambres ?*
Ces opérations sont au nombre de six : 1° formation, chaque année, de leur bureau respectif, et modification de leur règlement; 2° vote du budget pour chaque

année ; 3° vote d'autres lois, soit sur la proposition du gouvernement, d'un sénateur ou d'un député; 4° d'interpellations et questions adressées aux ministres; 5° révision, en congrès, de la constitution ; 6° élection en commun d'un Président de la République.

15. *La Chambre des députés peut-elle être dissoute avant l'expiration de son mandat ?*
La Chambre des députés peut être dissoute sur l'avis du Président de la République et du Sénat.

16. *Le Sénat peut-il être dissous ?*
Le Sénat ne peut être dissous en aucun cas.

17. *Le Président et le Sénat ont-ils le droit de maintenir la dissolution ?*
Non ; ils ne le peuvent que par la volonté de la nation, en vertu du suffrage universel.

18. *De quoi se compose chaque bureau des deux chambres ?*
Le bureau de chaque Chambre se compose : d'un président, de vice-présidents, de secrétaires, et d'administrateurs ou questeurs qui commandent aux gens de service. Ces membres sont élus pour un an.

19. *Ces bureaux demeurent-ils lorsque les chambres se réunissent en congrès ?*
Le bureau du Sénat demeure seul.

20. *Qu'est-ce que la loi ?*
La loi est tout acte d'autorité souveraine qui permet, ordonne, ou défend.

21. *Qui est chargé de faire la loi ?*
Le pouvoir législatif.

22. *Et de la faire exécuter ?*
Le pouvoir exécutif.

23. *Quel pouvoir est chargé de la faire respecter ?*
Le pouvoir judiciaire, ou la justice

24. *Quel est le devoir de la loi?*
La loi doit garantir tous les droits, et punir toutes les fautes.

25. *La loi peut-elle empêcher toutes les fautes?*
Non, mais elle peut les prévenir et le doit par tous les moyens possibles.

26. *Quels sont les principaux pouvoirs chargés de faire respecter la loi?*
La cour de cassation, les tribunaux civils et criminels, les tribunaux administratifs, les tribunaux universitaires.

27. *Quels sont les juges des tribunaux civils et criminels?*
Le juge de paix, le juge d'instruction et les autres juges du tribunal de première instance ; le procureur de la République et les autres magistrats du parquet ; le premier président et les conseillers de la cour d'appel ; le procureur général et les avocats généraux ; les juges à la cour de cassation ; le président et les juges à la cour d'assises.

28. *Quelles sont les fonctions du juge de paix?*
Il juge toutes contestations dont les frais ne dépassent pas 100 francs ; à charge d'appel jusqu'à 200 fr. et davantage, suivant les cas prévus par la loi. Il juge encore les contestations relatives aux salaires des ouvriers, aux bornages des propriétés, aux dommages causés aux champs ou aux récoltes, et aux réclamations de domestiques.

29. *Où siège le juge de paix?*
Le juge de paix siège dans la salle de la justice de paix ou dans une salle de la mairie affectée à cet office.

30. *Y a-t-il un juge de paix dans chaque commune?*
On nomme un juge de paix par canton.

31. *Quelles sont les autres attributions du juge de paix ?*

Il préside le conseil de famille ; prononce les amendes en matière de simple police ; appose les scellés sur la propriété des décédés, et procède, en cas de crime ou de délit, au premier interrogatoire, en l'absence du juge d'instruction et du procureur de la République.

32. *Où siège le tribunal de première instance ?*

Le tribunal de première instance a son siège dans chaque arrondissement.

33. *Quelles sont ses fonctions ?*

Il juge les différends dépassant le chiffre de 100 fr.; confirme ou réforme les décisions de justice de paix, quand il y a appel ; constate les contraventions à la loi et les délits ; applique l'amende et l'emprisonnement.

34. *De combien de membres se compose le tribunal de première instance ?*

Ce tribunal se compose toujours pour chaque audience d'un président et de deux assesseurs, et, s'il y a lieu, d'un vice-président et d'autres juges.

35. *Ces juges peuvent-ils être révoqués comme le juge de paix ?*

Non, ils sont inamovibles (1).

36. *Quelle est la fonction du juge d'instruction ?*

Le juge d'instruction est chargé d'entendre les parties, les témoins, et d'examiner les pièces du procès.

37. *Le procureur de la République et ses substituts sont-ils inamovibles ?*

Non, ces magistrats ne sont pas inamovibles.

38. *Quelles sont leurs fonctions ?*

Ils sont chargés, quand un délit grave se commet,

---

(1) Avant 1883.

de se rendre sur les lieux et de procéder à l'enquête.

39. *Quels magistrats composent la cour d'appel?*
Le premier président et les conseillers à la cour.

40. *Les cours d'appel ont-elles un parquet?*
Oui, elles ont un parquet dont le chef porte le nom de procureur général, et ses aides celui d'avocats généraux.

41. *Quelle est la fonction de ces magistrats?*
Ils jugent les appels en matière civile et correctionnelle ; leur jugement est sans appel.

42. *Combien y a-t-il de cours d'appel en France?*
Il y en a vingt-six, plus celle d'Algérie.

43. *Qu'est-ce que la cour de cassation?*
La cour de cassation, dont le siège est à Paris, est formée de magistrats chargés de juger les pourvois ou appels de la cour d'appel.

44 *Sur quoi est fondé le pourvoi?*
Sur une fausse application de la loi, ou sur l'omission d'un article prescrit par la loi.

45. *Qu'est-ce que la cour d'assises?*
La cour d'assises est un tribunal chargé de juger les délits graves et les affaires criminelles.

46. *De quels magistrats est composée la cour d'assises?*
De trois juges : un conseiller à la cour d'appel nommé par le premier président de la cour pour chaque session ; de deux assesseurs, conseillers à la cour, ou de deux juges du tribunal de première instance.

47. *Est-ce la cour qui statue sur la culpabilité de l'accusé?*
Non, c'est le jury.

48. *Qu'est-ce que le jury?*
Le jury est une sorte de tribunal formé par qua-

iante membres pris parmi les citoyens domiciliés dans le département et âgés d'au moins trente ans, jouissant de leurs droits civils, et n'ayant pas de fonctions qui les empêchent de siéger aux assises.

49. *Qu'entendez-vous par témoins à charge et témoins à décharge ?*

Les témoins à charge sont ceux appelés par le parquet; les témoins à décharge, par l'accusé.

50. *Qu'appelez-vous tribunaux administratifs ?*

Les tribunaux administratifs sont des tribunaux formés par les conseillers de préfecture, les préfets, les haut fonctionnaires de l'administration, et chargés de statuer sur les illégalités en matière d'administration.

51. *Dites quelques mots sur les tribunaux universitaires.*

Les tribunaux universitaires sont chargés de juger les affaires qui se rapportent à l'instruction et à l'éducation; ils citent à leur barre les chefs d'institution qui ont manqué à l'accomplissement de la loi. Ces tribunaux sont formés par le recteur, les conseils académiques et le conseil supérieur de l'instruction publique.

LA FORCE PUBLIQUE

L'ÉTAT DE SIÈGE — LES DÉCRETS ET ARRÊTÉS — LE SERVICE MILITAIRE.

1. *Qu'est-ce qui fait ordinairement la force d'un État ?*

Son armée et son organisation militaire.

2. *Combien de soldats en temps de paix la France compte-t-elle sous les armes ?*

La France compte à peu près 500,000 soldats en temps de paix.

3. *Et en temps de guerre ?*

Elle peut mettre sous les armes 800,000 hommes et même un million; en cas d'invasion du territoire national, elle peut doubler ce chiffre.

4. *La marine française est-elle considérable ?*

En Europe, la France a, après l'Angleterre, le plus grand nombre de bâtiments de guerre; elle en compte environ 320, dont 45 vaisseaux de guerre, et des navires cuirassés.

5. *Quand dit-on qu'une ville est en état de siège ?*

Une ville est en état de siège lorsqu'elle se trouve directement sous le gouvernement de l'autorité militaire.

6. *Quelles causes peuvent amener l'état de siège ?*

L'approche des ennemis en temps de guerre, ou la rébellion de citoyens d'une ville en temps de paix

7. *Qu'est-ce qu'un décret ? un arrêté ministériel ?*

Un décret est toute décision prise par un ministre et signée par le chef du pouvoir exécutif; un arrêté ministériel est tout ordre émanant d'un ministère pour l'accomplissement de tel acte ou de telle formalité. Le décret en matière administrative peut avoir force de loi.

8. *Qu'est-ce que le Conseil d'Etat ?*

Le Conseil d'Etat est une sorte de tribunal formé de plusieurs sections : 1° la section du contentieux, chargée de juger les contestations en matière administrative entre l'Etat et les particuliers; 2° la section chargée de l'examen des questions de droit administratif et de compétence soulevées par les divers ministères ; 3° la section chargée de procéder à la liquidation des pensions de retraite; 4° celles qui donnent des avis aux ministres ou préparent des projets de loi

9. *Le Conseil d'Etat a-t-il encore d'autres prérogatives ?*

Le conseil d'Etat procède encore à l'examen des actes constituant abus d'autorité en matière civile ou ecclésiastique; enfin il fait les règlements d'administration publique, quand il en est chargé par la loi.

10. *Quels noms donnez-vous aux membres faisant partie du Conseil d'Etat?*

Les membres du Conseil d'Etat portent le nom de conseillers; ils sont choisis par les ministres; le président est le ministre de la justice, et le vice-président est choisi parmi les conseillers. De plus, tous les ministres peuvent siéger au conseil pour les affaires qui les concernent.

11. *Sur quels principes est fondé le service militaire ?*

Le service militaire est fondé sur trois principes : 1° tout Français est soldat; 2° personne ne peut se faire remplacer ; 3° le service militaire dure dix-neuf ans.

12. *En combien de périodes ce service de dix-neuf ans est-il divisé?*

Il est divisé en quatre périodes : 1° cinq ans dans l'armée active ; 2° quatre ans dans la réserve de l'armée active ; 3° cinq ans dans l'armée territoriale ; 4° cinq ans dans la réserve de l'armée territoriale.

13. *Quel est le seul service effectif?*

Celui de l'armée active ; en temps de paix, les hommes de la réserve de l'armée active sont appelés deux fois à un service de vingt-huit jours, et les hommes de l'armée territoriale, deux fois à un service de treize jours

14. *A quel âge un homme est-il soldat?*

A l'âge de 21 ans.

OBLIGATION SCOLAIRE L'IMPOT.
LA DETTE PUBLIQUE

1. *Qu'est-ce que l'obligation scolaire ?*
L'obligation scolaire est un des devoirs d'un bon citoyen.

2. *Pourquoi ?*
Parce que tout bon citoyen doit connaître les premiers principes de la raison et de la justice.

3. *Pourquoi encore ?*
Parce que, par l'étude, on ne rend pas seulement service à soi-même, mais aussi à ses concitoyens et à la patrie.

4. *L'obligation scolaire entrave-t-elle la liberté ?*
L'obligation scolaire n'est pas plus opposée à la liberté que le service militaire et le devoir fiscal, à la condition toutefois que la liberté soit laissée au père de famille de choisir les maîtres de ses enfants.

5. *Qu'entendez-vous par le devoir fiscal ?*
J'entends l'impôt par lequel chacun contribue aux dépenses communes.

6. *Combien y a-t-il de sortes d'impôts ?*
Il y a quatre sortes d'impôts : 1° l'impôt proportionnel, 2° l'impôt progressif, 3° l'impôt complémentaire, 4° l'impôt unique.

7. *Dites quelques mots sur chacun de ces impôts.*
L'impôt proportionnel est en raison proportionnelle de la valeur des biens possédés ; l'impôt progressif est pris arbitrairement suivant les besoins, tantôt au-dessus, tantôt au-dessous de l'impôt proportionnel. L'impôt complémentaire est celui prélevé à tant pour

cent sur le revenu, lorsque les recettes sont au-dessous des dépenses dans la balance budgétaire. L'impôt unique est l'impôt sur le revenu individuel

8. *En France, quels sont les différents impôts ?*
Les impôts sont de deux sortes : l'impôt direct et l'impôt indirect.

9. *Qu'appelez-vous impôt direct ?*
On appelle impôt direct celui qui frappe le contribuable dont le nom est inscrit sur les rôles de perception ; cet impôt est proportionnel.

10. *Et l'impôt indirect ?*
L'impôt indirect frappe les choses de la consommation ; il n'est pas proportionnel.

11. *Combien de sortes d'impôts directs ?*
Il y a deux sortes d'impôts directs: l'impôt de répartition et l'impôt de quotité.

12. *Expliquez ces deux impôts.*
L'impôt de répartition est une somme fixe qui doit être répartie entre les départements, les arrondissements, les communes, dont chacun supporte un contingent proportionnel fourni par les contribuables. L'impôt de quotité est celui qui consiste dans la perception des cotes individuelles, les patentes, etc.

13. *L'impôt des patentes est-il un impôt fixe ?*
Non, car il dépend de l'importance industrielle et des locaux occupés.

14. *Quels sont les autres grands impôts directs et fixes ?*
La contribution foncière, la contribution personnelle et mobilière, l'impôt des portes et fenêtres.

15. *Qu'est-ce que l'impôt foncier ?*
L'impôt foncier est celui prélevé sur les propriétés bâties ou non bâties ; il est proportionnel à l'étendue des terres et à leur produit.

16. *Au moyen de quoi a-t-on établi cet impôt?*

Au moyen du cadastre, opération qui consiste à fixer l'étendue, la valeur de tous les fonds constituant le sol de la France.

17. *Comment paie-t-on l'impôt personnel?*

On le paie soit en argent, soit en nature, c'est-à-dire en corvées ou journées de travail.

18. *Comment se prélève l'impôt des portes et fenêtres?*

L'impôt des portes et fenêtres ne se prélève que sur les maisons d'habitation ; les portes et les fenêtres des manufactures et des bâtiments agricoles ne sont donc pas taxées. De plus, cet impôt est plus élevé dans les villes que dans les campagnes ; pour les étages inférieurs que pour les étages supérieurs.

19. *Quels sont les principaux impôts indirects?*

1° Les droits fixes et les droits proportionnels de l'enregistrement ; 2° les impôts sur la production, l'échange, les matières premières ; sur les billets de place des voyageurs par voies ferrées ; l'impôt des douanes ; 3° les impôts perçus à l'occasion des services administratifs, tabacs, poudre, postes, télégraphes, etc.

20. *Que représentent les droits fixes de l'enregistrement?*

Le prix de la formalité qui conserve l'acte et lui donne sa date certaine.

21. *Que représentent les droits proportionnels?*

Les droits frappant les mutations, obligations, quittances, etc.

22. *Combien d'impôts sur le timbre?*

Deux sortes : le timbre proportionnel suivant la valeur de la somme à payer ; le timbre de dimension suivant la taille ou le format du papier timbré.

23. *Qu'est-ce que la dette publique?*

La dette publique est la somme résultant des différents emprunts faits par l'Etat, lorsque les impôts ne suffisent pas pour subvenir aux dépenses nécessaires ou pour établir l'équilibre du budget.

24. *Par qui est fourni l'emprunt?*

Par les capitalistes, qui prêtent chacun à l'Etat une certaine somme remboursable avec les arrérages en un temps fixé.

25. *Les impôts sont-ils nécessaires?*

Oui, parce que l'Etat doit payer ses dettes, comme un simple particulier.

26 *Chaque citoyen est-il obligé de payer l'impôt?*

Oui, puisque c'est par ce moyen que l'Etat veille à la sécurité générale, entretient les fonctionnaires chargés des différentes administrations, entreprend des travaux d'utilité publique, fonde les maisons d'assistance, etc.

27. *Qu'est-ce que la rente sur l'Etat? est-ce encore un impôt?*

Non ; la rente sur l'Etat est le revenu que l'Etat s'engage à payer à chaque particulier qui dépose au Trésor un certain capital. Ces rentes sont délivrées à la présentation du titre qui constitue le reçu de la somme versée ; les titres sont renouvelables.

CONFECTION DU BUDGET.

LES DÉPENSES, LEUR RÉPARTITION.

1. *Quand et par qui est préparé le budget?*

Le budget est préparé chaque année par les ministres et voté par la Chambre.

2. *Comment forme-t-on la liste du budget?*
La liste des dépenses est formée par le détail de toutes les dépenses qui pourront être faites dans l'année ; il faut un article spécial pour chaque dépense. La liste des recettes contient toutes les sommes fournies par les différents impôts durant cette même année.

3. *Comment sont réparties ces dépenses?*
Ces dépenses sont réparties entre les douze ministères, soit pour l'application de la justice, soit pour la diffusion de l'instruction, la facilité des transports, le développement de l'industrie et du commerce, la garantie de nos biens, l'assistance en cas de calamités publiques, l'entretien des troupes, les frais de guerre, etc.

LE GOUVERNEMENT ET LES CHAMBRES.

1. *Entre les mains de qui est le gouvernement?*
Le gouvernement est entre les mains du Parlement, comprenant la Chambre des députés et le Sénat, et du pouvoir exécutif.

2. *Où se délibèrent toutes les affaires de l'Etat?*
Les affaires de l'Etat sont délibérées en conseil des ministres, présidé par le chef du pouvoir exécutif ou par un vice-président qui est ordinairement l'un des ministres.

3. *Quel est le nombre des ministères?*
Il y a douze ministères.

4. *Nommez-les.*
Le ministère des affaires étrangères, de la justice,

de l'intérieur, des finances, de l'instruction publique, des cultes, des beaux-arts, du commerce, de l'agriculture, des travaux publics, des postes et télégraphes, de la guerre, de la marine.

5. *Quelles sont leurs principales attributions?*
Ils veillent à la défense de la patrie, à la diffusion de l'instruction publique, à la création des routes, chemins de fer, canaux, etc.; à l'entretien des édifices publics, etc.

6. *Quelles sont les fonctions du ministre des affaires étrangères?*
Le ministre des affaires étrangères correspond avec les autres Etats pour toutes les affaires où nous avons des intérêts à régler avec eux.

7. *Comment se règlent ces affaires?*
Ces affaires se règlent par des traités ou des conventions, et, lorsqu'on ne peut s'entendre, par une guerre.

8. *Quels sont les agents entretenus au dehors par le ministre des affaires étrangères?*
Ce sont : 1° les ambassadeurs ou ministres plénipotentiaires qui s'occupent de politique et résident auprès des souverains ; 2° les consuls généraux, vice-consuls et agents consulaires chargés de nos intérêts commerciaux.

9. *A quoi sont tenus ces différents fonctionnaires envers les Français résidant à l'étranger?*
Ils leur doivent protection, assistance et les renseignements dont ils ont besoin.

10. *Sous quelle autorité sont nos colonies?*
L'Algérie, sous le commandement d'un gouverneur général dépendant du ministère de l'intérieur; les autres colonies sont sous l'autorité du ministre de la marine.

11. *Quels sont les membres du clergé nommés par le ministre des cultes ?*
Le chef du pouvoir nomme de concert avec les ministres, sur la présentation du ministre des cultes : les cardinaux, les archevêques et les évêques.

12. *Quelles sont les fonctions du ministre de l'intérieur ?*
Le ministre de l'intérieur a la haute direction de la police ; il est en rapports directs avec tous les ministères qui ne peuvent agir sans son concours.

13. *Quels sont les agents du ministre de l'intérieur ?*
Les 86 préfets des départements de France, les trois préfets de l'Algérie, l'administrateur de Belfort et de la partie du Haut-Rhin restée à la France. Les autres agents : sous-préfets, maires, dépendent immédiatement du préfet.

RAPPORTS DE L'ÉGLISE ET DE L'ÉTAT.

1. *Quels sont les cultes autorisés en France ?*
Le libre exercice de tous les cultes est accordé en France.

2. *Depuis quelle époque ?*
Depuis le Concordat.

3. *Quel est le culte dominant en France ?*
Le culte catholique.

4. *Quels sont les rapports de l'Eglise et de l'Etat ?*
Ces rapports n'ont lieu qu'en administration, par la nomination des cardinaux, archevêques et évêques.

5. *Et pour la nomination des curés ?*
Les curés sont nommés par les évêques, et leur

nomination est confirmée par le gouvernement. Les autres prêtres dépendent absolument des archevêques et des évêques qui les nomment et les révoquent selon leur volonté

6. *Le Concordat existe-t-il pour les autres religions?*
Non, le Concordat n'existe pas pour les autres religions, parce que leur chef ne réside pas à l'étranger avec l'indépendance du souverain.

7. *Comment sont nommés les ministres de ces cultes?*
Les membres des conseils et consistoires sont élus par les paroisses et communautés ; les ecclésiastiques sont nommés à leurs fonctions par le gouvernement.

LE DÉPARTEMENT.

1. *Quel est l'administrateur du département?*
L'administrateur du département est le préfet.

2. *A quelle autorité est-il soumis?*
Le préfet est sous l'autorité du ministre de l'intérieur dont il est le représentant dans le département.

3. *Quelles sont les fonctions du préfet?*
Il prend part à l'administration des revenus formés par les impôts; nomme, révoque, punit les instituteurs d'après les propositions du recteur de l'Académie ; a autorité sur les ingénieurs pour tout ce qui touche aux routes départementales et aux chemins vicinaux ; les prisons sont de son ressort, de même tout ce qui regarde le recrutement des troupes.

4. *Quels conseils l'aident dans son gouvernement?*
Le conseil général pour la gestion de la fortune départementale; le conseil municipal pour la gestion

de la fortune communale, et le conseil de préfecture.

5. *Qu'est-ce que le conseil de préfecture?*

Le conseil de préfecture est le tribunal de première instance en matière administrative ; c'est à lui que s'adressent les citoyens quand ils croient avoir été taxés illégalement par les agents des finances ; et il juge toutes les affaires se rapportant aux élections, les annulant ou les validant.

6. *Comment sont nommés les membres du conseil général?*

Les conseillers généraux sont nommés par le suffrage universel.

7. *En quel nombre sont-ils?*

On nomme un conseiller général par canton.

8. *Combien le conseil général tient-il de sessions par an?*

Le conseil général tient deux sessions par an.

9. *Quelles sont ses attributions?*

Il arrête le budget du département, donne son avis sur les routes, les canaux, les foires, les hôpitaux et hospices ; émet des vœux qui sont transmis par le préfet au ministre de l'intérieur.

10. *N'a-t-il pas encore d'autres attributions?*

Des membres du Conseil général accompagnent le préfet dans chaque canton pour la tournée de révision.

11. *Quel est le droit de chaque conseil général?*

Chaque membre du conseil général est électeur sénatorial.

12. *Nommez encore une attribution du conseil général.*

Pendant une crise politique dans le gouvernement, chaque conseil général nomme deux de ses membres pour former une assemblée intérimaire.

13. *En dehors des sessions, le conseil général siège-t-il à la préfecture ?*

En dehors des sessions, quatre conseillers généraux et au plus sept représentent le conseil près du préfet ; ces conseillers forment le conseil départemental.

14. *Quel est le chef administratif de l'arrondissement ?*

Le chef administratif de l'arrondissement est le sous-préfet.

15. *Quelles sont les fonctions du sous-préfet ?*

Le sous-préfet remplace le préfet ; il préside au tirage au sort, et veille à ce que les lois soient observées par les conseils municipaux et les maires.

16. *Par quel conseil le sous-préfet est-il aidé pour l'administration ?*

Par le conseil d'arrondissement.

17. *Quelles sont les attributions de ce conseil ?*

Il émet les vœux sur les besoins de l'arrondissement et prépare quelques affaires pour le conseil général.

18. *Qu'est-ce qu'un canton ?*

Un canton est une division de l'arrondissement ; chaque canton est représenté dans l'administration départementale par un conseiller général.

LA COMMUNE

1. *Quel est le chef administratif de la commune ?*
Le chef administratif de la commune est le maire.

2. *Comment le maire est-il nommé ?*

Le maire, dans chaque commune, est élu par le conseil municipal et choisi dans son sein.

3. *Comment sont élus les conseillers municipaux?*
Les conseillers municipaux sont élus par le suffrage universel.

4. *Quelles sont les fonctions du maire et de ses adjoints ?*
Ils reçoivent les déclarations de naissance et de décès, font les mariages, les arrêtés de police, correspondent avec le préfet et le sous-préfet et assistent au conseil de révision.

5. *Quelles sont les attributions du conseil municipal?*
Le conseil municipal administre la fortune de la commune, décide de la perception des revenus, vote les centimes additionnels, impôt payé par les habitants de la commune.

6. *Jusqu'à quel chiffre peut-il élever cet impôt ?*
Jusqu'au chiffre de cinq centimes. Passé ce chiffre, il faut un arrêté préfectoral, un décret, une loi pour lever l'impôt; un décret lorsque les revenus s'élèvent à 100.000 fr., une loi pour l'emprunt de 1 million.

7. *Le conseil municipal a-t-il d'autres attributions?*
Il nomme un délégué pour les élections sénatoriales; il le choisit dans son sein ou hors de lui; il décide sur la question des écoles, si elles seront confiées à des laïques ou à des congréganistes.

ÉCONOMIE POLITIQUE.

1. *Qu'est-ce que la production ?*
La production est l'application de nos forces à la satisfaction de nos différents besoins.

2. *Quels sont les agents de la production ?*
Le travail, la matière, l'épargne, le capital, la propriété.

3. *Par quels moyens se forme le producteur ?*
Le producteur se forme par deux moyens: l'éducation et l'instruction.

4. *Pourquoi ces deux moyens ?*
Parce que, en développant les qualités du corps et de l'âme par l'éducation, et les qualités de l'esprit par l'instruction, on forme des hommes forts, des âges viriles capables de se tirer d'affaire en ce monde.

5. *Pourquoi le travail est-il nécessaire ?*
Parce que nous sommes tous débiteurs envers la société qui pourvoit aux besoins de nos jeunes années, et nous devons travailler dès que nous le pouvons, pour payer nos dettes envers elle.

6. *Quels sont les agents naturels ou matières premières ?*
Les agents naturels ou matières premières sont les productions de la nature, comme les pierres, les métaux, les végétaux, etc.

7. *Quelles sont les différentes manières de produire ?*
Ce sont premièrement la production extractive, c'est-à-dire extraire tel ou tel élément de la masse des éléments qui nous entourent, sans leur faire subir de transformation.

8. *Et ensuite ?*
Deuxièmement, la production manufacturière, qui transforme les produits en d'autres plus utiles ou doués de nouvelles qualités.

Troisièmement la production commerciale, qui transporte, divise, répand les différentes industries ou les produits de ces industries.

9. *Tous les hommes prennent-ils part au travail?*

Tous les hommes prennent part au travail : les savants en consacrant leur vie à des recherches profondes; les entrepreneurs, c'est-à-dire tous ceux qui appliquent à un art les théories du savant; et enfin, les ouvriers, ceux qui exécutent les travaux.

10. *Qu'est-ce que capitaliser?*

Capitaliser, c'est augmenter, ajouter des richesses aux richesses acquises, accumuler les idées, les connaissances utiles, etc.

11. *Combien de sortes de capitaux?*

On distingue deux sortes de capitaux : 1° le capital engagé ou fixe, 2° le capital mobile ou circulant.

12. *Donnez quelques explications sur ces deux capitaux.*

Le capital fixe est formé par les frais d'établissement et les dépenses diverses se rapportant à l'installation d'une industrie, d'un commerce, etc.; le capital mobile est celui qui sert aux achats des marchandises des matières premières, et qui ne revient à la caisse qu'après s'être augmenté d'un certain bénéfice obtenu par la circulation.

13. *Que doit constituer le bénéfice obtenu?*

Une part de ce bénéfice doit servir aux dépenses utiles, l'autre doit former l'épargne.

14. *Que procure elle-même l'épargne?*

L'épargne donne les moyens de devenir propriétaire, c'est-à-dire de posséder soi-même des biens, soit des terres, soit une industrie, de passer de la condition d'ouvrier à celle de patron.

15. *Qu'est-ce que l'échange libre?*

L'échange libre est l'acte par lequel les hommes s'approvisionnent où ils veulent et comme ils veulent des produits alimentant leur consommation personnelle ou industrielle.

16. *Au moyen de quelles opérations a lieu le libre échange ?*

Au moyen de l'exportation et de l'importation : l'exportation, par laquelle les marchandises d'un pays sont envoyées au dehors ; l'importation, par laquelle les marchandises étrangères entrent dans ce pays.

17 *Qu'est-ce que le troc ?*

Le troc est l'échange d'une marchandise contre une autre marchandise ayant la même valeur.

18. *Le troc est-il toujours possible ?*

Non, et il est même quelquefois impraticable ; on est donc obligé d'employer l'échange indirect.

19. *Comment s'opère l'échange indirect ?*

Par la monnaie.

20. *Qu'est-ce que la monnaie ?*

La monnaie est un métal précieux dont l'origine remonte à la plus haute antiquité.

21. *Quelle est sa valeur ?*

Sa valeur est conventionnelle ; la monnaie sert à solder les marchandises achetées ; elle remplace le troc.

22. *Qu'est-ce que le crédit ?*

Le crédit est le droit de disposer de la chose d'autrui moyennant la promesse d'un remboursement.

23. *Sur quoi repose le crédit ?*

Sur la confiance inspirée par l'emprunteur.

24. *Que veut dire avoir du crédit ?*

Avoir du crédit, c'est jouir d'une réputation de solvabilité, d'exactitude à rendre : ce qui permet d'obtenir des prêts avantageux, abondants et faciles.

25. *Qu'est-ce que le salaire?*
Le salaire est le prix qui revient à l'ouvrier pour son travail de chaque jour ; la valeur du salaire dépend de la force et du genre du travail, et du temps consacré à son exécution.

26. *Qu'est-ce que l'intérêt?*
L'intérêt est le bénéfice rapporté par le capital ; ou encore la somme que l'emprunteur s'engage à payer en plus de la somme empruntée.

27. *A quoi l'intérêt est-il proportionné?*
L'intérêt est proportionné au temps, au taux et à la valeur du capital ou de la somme empruntée.

28. *Qu'est-ce que le taux?*
Le taux est l'intérêt de cent francs pour un an.

29. *Qu'est-ce que la consommation?*
La consommation c'est l'usage des produits alimentaires ou agricoles et industriels.

30. *Combien connaissez-vous de sortes de consommations?*
Il y a deux sortes de consommations : 1° les consommations productives, et 2° les consommations improductives.

31. *Qu'appelez-vous consommations improductives?*
Les consommations qui ne laissent après elles aucune utilité.

32. *Nommez une de ces consommations.*
Le luxe, c'est-à-dire la jouissance et l'emploi des choses inutiles.

33. *Le luxe est-il cependant utile?*
Oui, le luxe est utile, parce qu'il excite le travail, aiguillonne les intelligences en les forçant à créer de nouveau.

34. *Qu'entendez vous par consommations productives ?*

Toute consommation qui produit quelque chose d'utile ; par exemple : la consommation d'une somme pour le défrichement d'une terre; ce défrichement a demandé le travail de l'ouvrier, et a produit une terre cultivée, tel qu'un vignoble, dont la consommation des produits fournira un intérêt annuel.

35. *L'Etat a-t-il une part dans l'économie politique ?*

L'Etat prend part à l'économie politique en accordant la liberté du travail et du libre échange, en assurant la sécurité aux travailleurs, et en les assistant dans leur vieillesse et dans leurs maladies.

36. *Comment l'Etat peut-il subvenir aux dépenses nécessaires qu'entraînent les services qu'il rend à la société ?*

Au moyen de l'impôt ; et quand l'impôt n'est pas suffisant, c'est-à-dire quand les dépenses du budget surpassent les recettes, au moyen de l'emprunt.

www.ingramcontent.com/pod-product-compliance
Lightning Source LLC
LaVergne TN
LVHW050633090426
835512LV00007B/827